SOUVENIRS

DE

SAINTE-PÉLAGIE.

Imprimerie de WORMS, Boulevart Pigale, 20 (*extra muros*).

UN AN DE PRISON

ou

SOUVENIRS

DE

SAINTE-PÉLAGIE,

PAR

LE B^{on} DE VERTEUIL DE FEUILLAS,

Gérant de la FRANCE.

PRIX : 6 FRANCS.

PARIS.

CHEZ DENTU, LIBRAIRE, PALAIS-ROYAL,
Galerie vitrée;
HYVERT, LIBRAIRE,
Quai des Augustins, 55
ET AU BUREAU DE LA FRANCE.

—

1840.

SOUVENIRS

DE

SAINTE-PÉLAGIE.

INTRODUCTION.

I.

1830. — Le camp de St-Jean-de-Mont. — Visites domiciliaires. — Mon départ pour Paris.

> Sede à dextris meis donec ponam inimicos tuos scabellum pedum tuorum.

Lorsqu'en juillet 1830 gronda l'airain révolutionnaire, l'écho frémissant vint se briser contre les ruines encore fumantes de cette fidèle Vendée, de ce peuple de géans, selon l'énergique expression de Napoléon. Aussitôt se présentent avec leur sanglant cortége, et le souvenir des horreurs de 93, et les bateaux à soupape, que l'enfer avait inspirés, dans un de ses accès de rage, au tigre à figure humaine Carrier!!! Soudain l'électricité s'est communiquée, et le noble front du Vendéen, ce front qui n a jamais fléchi que sous le poids des lauriers, s'est relevé avec fierté. Alors je crus entendre une voix qui me disait : L'heure a sonné! va, fils de la Vendée, fais ce que dois..... Prends cette épée; sous un ciel plus heureux, un Bourbon la ceignit au côté de l'un de tes aïeux; après lui ses descendans l'ont portée avec honneur et vaillance pour la défense des rois de France. D'un côté, tu y lis : *Dieu et le Roi*, et de l'autre, cette belle et noble devise : *Fais ce que dois, advienne que pourra*. Dès-lors je pris l'épée; car bientôt la Vendée, cette terre classique du dévouement *quand même*, devait verser le plus pur de son sang pour la plus noble cause. Déjà l'étendart de 93 a remplacé le drapeau sans tache dont la couleur de lys réflétait si bien et les vertus et la bravoure chevaleresque des rois de France.

Partout des rassemblemens se forment : on s'interroge du regard; 93 se présente avec sa guillotine, ses incendies, ses mariages républicains, l'émigration, la confiscation. Aux armes! disent quelques voix; non, répondent les royalistes timides, attendons; mais qu'importe? Dieu et le Roi trouveront encore de l'écho dans les cœurs vendéens. Un homme, un de ces preux chevaliers qui n'ont jamais pâli devant l'honneur et le devoir, un chevalier de Saint-Jean-de-Jérusalem, va faire un appel à ces vaillans soldats qu'en 1815 il avait conduits à la victoire. On veut arrêter l'élan généreux de son cœur. Vous vous exposez inutilement, lui dit-on. Qu'importe, *fais ce que dois, advienne que pourra*, répond-il.

Et le soir même de ce jour, 30 juillet, deux heures après l'Angélus, quatre Vendéens s'éloignaient des murs de l'ancienne Roche-sur-Yon; ils sont armés chacun d'un fusil de chasse à deux coups, de deux pistolets et d'un sabre de cavalerie; c'était le chevalier de Saint-Jean-de-Jérusalem (M. de Maynard) et son fils, qui plus tard furent condamnés à la peine capitale par une cour d'assises, un des braves frères de Briqueville, qu'une condamnation conduisit pour cinq ans au glacial Mont-St-Michel; le quatrième, c'était moi. Le lendemain nous traversions le petit bourg de Chalans au milieu d'une foule considérable toute stupéfaite du changement spontané qui venait de s'opérer en France ; nous les saluâmes par le cri de *vive le Roi!* et ce cri de ralliement fut répété avec enthousiasme par ces braves gens, qui tous venaient nous serrer la main.

Un peu avant que le soleil eut cessé de dorer l'horizon, nous étions près de Saint-Jean-de-Mont dans la cabane de ce fidèle

Vendéen *Raballan*, qui plus tard reçut, pour prix de son dévoûment, la paille des galères. Vingt-quatre heures s'étaient à peine écoulées que déjà deux cents Vendéens s'étaient réunis à nous; tous brûlaient d'envie de combattre. Nous nous disposions à marcher sur Saint-Jean-de-Mont pour nous en emparer, lorsque nous aperçûmes quatre cavaliers qui se dirigeaient à bride abattue vers nous. Qui vive! cria la sentinelle. — Amis, nous voulons parler à votre chef.

Quelques secondes plus tard, dans une grange de la ferme, nous recevions les députés du parti royaliste; que dis-je? je me trompe, c'étaient les envoyés de cette fraction de royalistes qui ne savent pas défendre un roi dans l'adversité, mais qui dans les jours prospères savent si bien ramper dans les antichambres.

On nous dit que Charles X et le duc d'Angoulême venaient d'abdiquer en faveur du duc de Bordeaux ; que le duc d'Orléans avait été nommé régent de France, et que déjà le jeune Roi avait été proclamé sous le nom de Henri V.

Nous ajoutâmes foi à cette assertion mensongère : notre premier soin fut de communiquer cette nouvelle aux braves qui nous entouraient, et aussitôt le cri de *vive le Roi! vive Henri V!* retentit vingt fois dans les airs. Une heure après nous nous éloignions de Saint-Jean-de-Mont. Le lendemain, MM. de Maynard, de Briqueville et moi nous étions près de Bourbon, dans la forêt d'Aizenay. Ces messieurs se rendirent à la terre de la Maison-Rouge, et moi je me dirigeai vers Bourbon pour prendre des renseignemens. Je m'étais engagé à les rejoindre dans la soirée, mais les circonstances ne me le permirent pas; car à mon arrivée à Bourbon je fus accueilli à coups de pierres par la populace qui criait : A bas l'aide-de-camp de Maynard! à mort le chouan! et certainement j'eusse passé un moment critique sans l'intervention du proviseur du collége qui se trouvait sur la place, et qui interpellant la foule lui fit entendre qu'il y avait de la lâcheté à attaquer en aussi grand nombre un homme sans défense. Je pus donc me rendre chez moi ; mais tout n'était pas fini ; car la foule m'avait suivi jusqu'à mon domicile, et un drapeau tricolore flottait au niveau de mes fenêtres. Cependant la foule ne cessait de crier : A bas l'aide-de-camp de Maynard! à mort le chouan !

Déjà quelques malheureux avaient pénétré dans la maison et montaient l'escalier. Tout à coup j'entendis frapper à ma porte. Ouvre, chouan, crie-t-on, nous voulons te tuer! Un instant j'hésite ; puis tout à coup je prends mon fusil à deux coups qui était chargé, j'ouvre moi-même la porte. Lâches que vous êtes, m'écriai-je, vous vous présentez cinquante pour m'assassiner ; eh ! bien, je saurai défendre ma vie !

En même temps, j'armai mon fusil avec force et j'ajoutai :

— Aux deux premiers qui entreront, la mort, oui, la mort, je le jure.

Personne n'osa se risquer, et cinq minutes après, tous avaient disparu, se contentant de parcourir les rues en chantant la *Marseillaise*.

Je partis vers les sept heures du soir pour me rendre auprès de ces messieurs, et je leur appris que nous avions été indignement trompés par les émissaires qui nous avaient été envoyés au camp de St-Jean-de-Mont, et que loin d'avoir proclamé le duc de Bordeaux roi de France, le fils de Philippe-Égalité s'était résigné à accepter cette couronne qui jadis brilla de tant d'éclat sur le front de François 1er, de Henri IV et de Louis XIV, et qui plus tard fut ramassée sanglante sur le pavé de la place où tomba la tête du plus vertueux des rois.

Maintenant, en face de cette même place, s'élève un monument religieux, la Madeleine. Madeleine avait pleuré au pied de la croix de Jésus-Christ, que les Juifs avaient osé condamner à mort ; ne dirait-on pas qu'elle pleure aujourd'hui au pied de l'échafaud du prince infortuné que des Juifs modernes lui ont dressé ? Depuis la mort de Jésus, les Juifs n'ont plus eu de patrie ; les régicides de 93 aussi ont été chassés du sol qu'ils avaient rougi du sang de l'innocent ; plus tolérant, 1830 a fait cesser leur exil ; mais chacun les montre du doigt ; car sur leur front ridé on lit en traits ineffaçables : *Assassins de Louis XVI !!!*

Au roi de France a succédé un roi des Français ; des troupes sillonnent la Vendée dans tous les sens et répandent partout la terreur et l'effroi. Cependant deux années se sont écoulées, la Vendée fait un dernier effort. Dans quelques vieux châteaux échappés aux fureurs de l'anarchie, on discute les intérêts de la légitimité. On se procure des armes, des poudres, des balles. Tout-à-coup, une femme au mâle courage apparaît à l'horizon de la France ; déjà elle foule de ses pieds la terre vendéenne; cette femme, autre Marguerite d'Anjou, c'était la fille, l'épouse, la mère d'un Bourbon, Marie-Caroline.

L'espoir renaît aussitôt dans les cœurs royalistes; alors des légions s'organisent, et...... ce qui se passa alors en Vendée, la France le sait, mais ce qu'elle ne saura jamais, ce sont les vexations inouïes dont le gouvernement de juillet s'est plu à abreuver la patrie des Larochejacquelein, des Cathelineau, des Bonchamps, etc.

Plus tard Deutz, l'infâme Deutz, a trahi le secret de la Vendée. Les conséquences de cette lâche trahison sont assez connues. Des visites domiciliaires sont faites chez les royalistes; dans une de ces visites, opérée chez M. de L'Aubépin, des papiers furent saisis: c'était une heureuse aubaine pour le gouvernement de juillet. Parmi ces papiers figurait mon nom; l'ordre est aussitôt donné de faire chez moi une visite domiciliaire; mais j'avais été autorisé à me tenir sur mes gardes, car depuis l'arrestation de la duchesse de Berry, on ne parlait que de visites domiciliaires. J'avais donc pris mes mesures. La visite fut des plus minutieuses et ne dura pas moins de trois heures. Ma maison avait été dénoncée comme un dépôt de poudre; je ne dirai pas jusqu'à quel point cette dénonciation était fondée; toujours est-il qu'on ne trouva rien.

Déjà la duchesse de Berry était partie pour Blaye. La plus grande consternation régnait dans le parti royaliste : les arrestations étaient nombreuses : la troupe et la garde nationale étaient sur pied jour et nuit.

Ce fut dans ces circonstances que se présentèrent chez moi le chevalier de Monti de Rezé, qui avait été condamné deux fois à mort par contumace, et le comte de L.... qu'une condamnation aurait infailliblement frappé s'il n'eût échappé aux recherches de la police : ils me prièrent de les cacher, je leur offris ma maison, ils se déguisèrent, prirent de faux noms, et je fus assez heureux pour les garder six mois sans qu'aucun incident fâcheux vînt troubler leur tranquillité.

Plus tard, je me décidai à partir pour Paris où quelque temps après j'eus le plaisir de voir M. de Monti de Rezé. Il est maintenant premier écuyer de l'auguste mère du duc de Bordeaux. Je n'ai pas eu occasion de revoir M. le comte aujourd'hui duc de L....

Il y avait dix mois environ que j'étais à Paris lorsque je pris la gérance de la *France*; M. le marquis de St-Maurice, auquel je succédais s'était constitué à Ste-Pélagie par suite de condamnations prononcées contre lui.

C'est le 25 août 1836 que ma signature parut à la *France*. Le 20 novembre de la même année je comparaissais devant la cour d'assises en vertu d'une citation directe du parquet sous la triple prévention d'attaque *aux droits que le roi des Français tient du vœu de la nation*, d'attaque *contre l'ordre de successibilité au trône*, et enfin d'adhésion *à une forme de gouvernement autre que celle qui régit la France.*

L'accusation motivée par une lettre de Goritz du 6 novembre 1836 annonçant la mort de S. M. Charles X, et insérée dans le numéro du 15 novembre, était soutenue par M. Plougoulm, avocat-général.

Voici un extrait du compte rendu de la *France* dans son numéro du 27 :

II.

Mon procès au sujet de la mort de Charles X. — Condamnation à trois mois de prison et 300 fr. d'amende.

> Et dulces moriens reminiscitur Argos.
> (VIRGILE.)
> Et son regard mourant sembla chercher Argos.

COUR D'ASSISES DE LA SEINE.

(Audience du 26 novembre.)

PRÉSIDENCE DE M. MOREAU.

La cour s'est d'abord occupée de trois affaires de vol et de faux. Deux verdicts d'acquittement et un verdict de condamnation ont été rendus.

A onze heures et quart la cause de la *France* a été appelée.

Le greffier donne lecture du réquisitoire et de la citation directe.

M. le président, après avoir demandé à

M. le baron de Verteuil de Feuillas ses noms et prénoms, a ajouté :

Vous êtes le gérant de la *France*?

— Oui, monsieur.

— Vous avez signé en cette qualité le numéro du 15 novembre lequel contient un article intitulé : *Mort de Charles X*?

— Oui, monsieur.

— Etes vous l'auteur de cet article?

— Non, monsieur, il contient une lettre que nous avons reçue de Goritz et que nous avons publiée telle que nous l'avons reçue.

— Etes-vous l'auteur des réflexions qui précèdent cette lettre?

— Non, monsieur.

— Cependant vous avez fait insérer la note et la lettre?

— Oui, monsieur.

— Vous êtes cité directement par le parquet, sous la triple prévention d'attaque aux droits que le roi des Français tient du vœu de la nation, d'attaque contre l'ordre de successibilité au trône, et ensuite d'adhésion à une autre forme de gouvernement que celle qui nous régit. Avez-vous des observations à présenter?

— Plus tard, monsieur, si je le crois utile à ma défense, je parlerai; jusque-là je m'en rapporte aux soins de M. de Lisle, rédacteur en chef de la *France*, et à M. Gohier-Duplessis mon avocat.

M. Plougoulm, avocat-général. Messieurs les jurés, vous venez d'entendre l'énonciation des trois chefs d'accusation qui forment la base de ce procès; ces délits peuvent être résumés en un seul très caractérisé. Selon le journal la *France*, c'est M. le duc d'Angoulême, qui par la mort de Charles X, son père, est devenu roi; et l'on ne craint pas, en présence de nos institutions, d'imprimer que M. le duc d'Angoulême est roi et que Madame la duchesse d'Angoulême est reine de France. Quoiqu'il ne s'agisse que d'un mot, ce mot renferme tant de choses qu'il faut bien en parler.

Plus d'une fois la *France* a déjà comparu sur ces bancs, et le jury lui a appris qu'elle devait respecter nos institutions. A la mort de Charles X, pour ne pas perdre le patronage sous lequel ce journal s'était placé, il a fallu transporter la couronne sur une autre tête, et c'est le duc d'Angoulême qui a été intronisé roi. Messieurs, nous vous devions ces explications avant de vous donner lecture de l'article incriminé. Le voici :

Mort de S. M. Charles X.

Trop émus par ce subit et douloureux événement pour mesurer toute l'étendue de cette perte et pour sonder les profondeurs de la plaie que la mort de ce vertueux prince laisse, selon nous, à jamais ouverte pour la France et pour l'Europe entière, nous nous bornons à en donner à nos lecteurs les détails tels que nous les recevons de Goritz à l'instant même. Toute la France royaliste partagera notre douleur, et si les temps nous frustrent de la consolation d'avenir que les usages de notre antique monarchie offrent en pareille circonstance au deuil public, tous les cœurs fidèles au culte de cette tradition la retrouveront d'eux-mêmes dans l'auguste héritier des vertus du roi martyr de l'exil et de l'auguste fille du roi martyr de l'échafaud : *Louis Antoine*, à présent, n'est plus en reste de deuil et de douleur avec Marie-Thérèse, et leur magnanime union est de part et d'autre cimentée par le même holocauste paternel. Voici cette nouvelle, telle que l'a décrite le désolé témoin qui nous l'envoie.

« Goritz, 6 novembre 1836.

« Notre bon Roi, dont la santé était encore parfaite il y a deux jours, vient d'être enlevé ce matin, à une heure, par une maladie qui a quelque symptôme du choléra, bien qu'il semble impossible qu'il ait été atteint lui seul par ce terrible fléau dans une ville qui n'a aucune trace de cette épidémie.

« Son agonie a été calme et sans douleur; il s'est endormi du sommeil du juste, et à peine si l'on a pu remarquer le moment précis où il a quitté cette vie de malheur pour commencer une éternité bienheureuse.

« Sa Majesté a reçu tous les sacremens avec cette fermeté que lui donnaient sa profonde piété et sa longue habitude de résignation ; à minuit, on a dit la messe dans sa chambre, et nous priions encore pour le rétablissement de sa santé, que déjà dans le ciel il continuait de prier pour la France.

« M. le Dauphin et Madame la Dauphine ont été présens jusqu'au dernier instant; ils sont plongés dans la plus vive affliction, ainsi que les deux jeunes prince et princesse.

« Du reste, rien n'est changé dans la position. Héritier des droits de son auguste père, M. le Dauphin le remplace dans les soins de protection et dans la direction que réclame encore le jeune âge de Mgr le duc de Bordeaux et de MADEMOISELLE.

« Quelques jours auparavant cette affreuse catastrophe, Sa Majesté fit toute seule de grandes promenades à pied dans les environs de Goritz. M. de Clermont-Tonnerre, ancien ministre de la guerre, était arrivé le jeudi soir, veille de la Saint-Charles, et ne se lassait pas d'admirer la belle vieillesse de ce prince qu'il trouvait d'une santé plus robuste et d'un meilleur visage qu'en 1830, époque depuis laquelle il n'avait pas vu Sa Majesté. C'est le lendemain même de la fête que s'est déclarée la funeste maladie qui vient de nous enlever cet excellent prince. Le médecin ordinaire du Roi,

M. Bougon, a cru reconnaître les symptômes d'une fièvre putride ; mais un médecin de la ville est convaincu que c'est le choléra. Son opinion n'est pourtant celle de personne ici, attendu que le fléau n'a jamais existé ni à Goritz ni dans les environs. On attribue la maladie et la mort de Sa Majesté à un refroidissement négligé, si dangereux dans un âge aussi avancé. Il avait éprouvé depuis plusieurs jours un dérangement d'intestins auquel il n'a pas attaché assez d'importance.

« Le Roi et la Reine, ainsi que le jeune prince et la jeune princesse, à part la cruelle douleur dans laquelle ils sont plongés, jouissent tous d'une parfaite santé. »

Vous comprenez, Messieurs, dans un journal comme la *France*, ces deux mots de Roi et de Reine. Il résulte de ces doctrines un principe tout entier. C'est encore une fois l'attaque la mieux caractérisée contre les droits que le Roi *tient du vœu de la nation.* S'il y a ailleurs que sur le trône un roi, alors celui que nous y avons placé (M. l'avocat-général appuie fortement sur ce *nous*) n'est pas roi, et s'il ne l'est pas, c'est dire que Charles X a pu transmettre de prétendus droits à un autre, et attribuer ces droits à des membres de la famille exilée.

Notre vœu, c'est que les dissensions s'apaisent et que l'union règne parmi tous les Français. Voilà ce que nous désirons et ce que le temps fera. Mais lorsqu'il s'agit de détruire la dissension que le journal la *France* entretient, vous ferez acte de sagesse en réprimant ses écarts.

On essaiera de vous présenter des excuses : celles qui seront de bonne foi, nous les écouterons ; mais nous prévenons le défenseur que nous avons en main des pièces qui pourraient bien déconcerter le système sur lequel s'appuiera la défense. Nous nous bornerons pour le moment à ces quelques paroles, et nous attendrons les quelques observations que l'on va présenter pour continuer notre plaidoierie.

M. de Lisle. Messieurs, c'est au moment où venait d'expirer le prince le plus sage et le plus respectable, au moment où l'Europe entière n'avait qu'une voix pour proclamer les vertus et le noble caractère qu'il avait constamment déployés dans le cours d'une longue carrière, c'est à ce moment, dis-je, qu'a paru l'article que l'on incrimine. Messieurs, il me suffira de me prévaloir de cette impression pour me justifier; nous ne venons pas apporter une excuse; vous apprécierez le fait. Reportez-vous en effet au jour où nous avons, les premiers, donné cette nouvelle si douloureuse par sa nature, et non pas, quoiqu'en ait dit M. l'avocat-général, parce que c'était pour nous la perte d'un auguste patronage; non, Messieurs, car nous ne subissons l'influence d'aucune idée pareille, et nous marchons dans notre conscience et dans la conviction du devoir que nous accomplissons. C'est le 14 septembre, à neuf heures du matin, que nous avons reçu cette lettre, que nous n'attendions pas. La nouvelle en fut bientôt répandue à la Bourse et dans tous les lieux publics par les personnes qui l'avaient apprise de nous seuls, qui l'avions reçue. Toute la journée et jusqu'à une heure du matin, nous fûmes assaillis de visites, qui venaient chez nous chercher une douloureuse confirmation.

Vous comprendrez dès lors que dans les inconvéniens d'une impression pareille, nous n'ayons pas pesé les termes de cette lettre avec la rigidité qu'y a apportée M. l'avocat-général. Les mots de roi et de reine ne nous ont pas paru avoir l'importance qu'on y attache aujourd'hui, et ce qui doit vous prouver combien cette importance est chimérique, l'idée de s'opposer à l'insertion de ces deux mots ne vint à personne de nous. La lettre arrivait de l'étranger ; elle partait du sein d'une noble et auguste famille plongée dans le désespoir de la mort presque subite de son chef, et au sein de laquelle se sont perpétuées des traditions : on ne peut pas révoquer en doute l'authenticité de cette lettre, car tout Paris s'occupait, un instant après, des nouvelles qu'elle contenait. Tous les journaux ont donné les mêmes détails que nous : les journaux du soir ont répété le même jour notre narration : le lendemain les feuilles du matin l'ont reproduite, y joignant des explications plus ou moins explicites, et c'est nous seuls qui sommes mis en cause ; les autres jouissent de la faveur d'être restés en dehors des poursuites. Nous, on nous distrait de cette faveur, parce que, dit-on, nous sommes l'organe de la famille exilée.

Mais s'il y a crime de notre part, comment se fait-il qu'il n'y a pas crime de la part de ceux qui ont précisé d'autres faits?

Ainsi le *Journal des Débats* a dit :

« On nous assure que le vieux roi est mort : le duc d'Angoulême renonçant aux droits qu'il prétend avoir à la couronne de France a immédiatement proclamé le duc de Bordeaux *Roi de France et de Navarre.* »

Et le *Messager* ajoute :

« D'un autre côté la petite église légitimiste qui n'a jamais voulu reconnaître la validité des abdications de Rambouillet, et qui ne voyait qu'une usurpation de titre dans la royauté d'Henri V, cette fraction, a de son côté proclamé *seul Roi de France et de Navarre* le duc d'Angoulême sous le nom de Louis XIX. »

Vingt-cinq journaux enfin ont proféré les mêmes mots, innocens dans leur bouche, et coupables dans la nôtre; et pourtant malgré les erreurs que ces articles renferment, moi qui savais le contraire de ce que ces feuilles avançaient, je ne les ai pas réfutées, parce que je ne cherchais pas à éveiller la susceptibilité du parquet; mais tous les journaux répétant cette nouvelle, nous n'avons pas vu de culpabilité à donner ou plutôt à laisser donner par notre correspondant, au fils de *Charles X* et à la fille de *Louis XVI*, le titre de *Roi* et de *Reine*.

On saisit notre journal, et je demande au commissaire sur quoi porte la saisie : il me répond que c'est pour avoir employé le titre de *Roi* et de *Reine*; et cependant la différence est grande de dire le roi et la reine, sans y rien ajouter, titres qui ne font qu'une qualification dans une auguste famille, au lieu de roi et de reine de France, comme l'ont imprimé quelques journaux. Je me rendis sur le champ auprès de M. le procureur du roi et de M. le juge d'instruction pour leur proposer de faire les changemens nécessaires et d'enlever ce qui éveillait leur susceptibilité. Le lendemain une édition corrigée du numéro du 15, partit pour la province, pure de toutes ces qualifications si odieuses au parquet ; et je puis en donner la preuve car j'ai une exemplaire de cette édition *corrigée*.

J'avoue donc que c'est avec surprise que j'ai vu venir la cause, après ces explications données au parquet, surtout quand les autres journaux saisis, *l'Echo français*, le *Siècle* et l'*Estafette*, n'étaient pas saisis, et quand d'autres feuilles (il est vrai que celles-là sont ministérielles) n'ont pas été inquiétées, malgré la reproduction.

Et notre confiance était d'autant plus grande, que nous savions que la *Charte de 1830*, journal avoué du pouvoir, avait fait composer notre lettre pour la reproduire, et ne l'avait éloignée de ses colonnes que quand elle a reçu du parquet la note de la saisie. Le *Journal de Paris* aussi a reproduit la lettre. Ces organes plus ou moins avoués n'ont donc pas cru que la lettre fût coupable; dès lors comment l'eussions nous cru ?

Si le danger est dans la publicité donnée à la nouvelle, il n'y a pas eu danger, puisque nous avons été saisis. Mais nous avons été coupables parce que nous avons dit le roi et la reine? mais il n'y a pas eu de qualification après ces mots. Nous avons imprimé ce que nous avons reçu.

Nous désirons que la désunion s'efface, a dit M. l'avocat-général, mais a-t-il bien obéi à ce sentiment en nous saisissant; nous ne sommes pas populaires, dit-il; hélas! c'est le sort de ceux qui prêchent la vérité; mais s'il nous a isolés, il est facile d'avoir le mot de cette tactique. Votre intérêt, Messieurs les jurés, eût été partagé si l'on avait amené à la barre avec nous les journaux qui ont répété cette lettre. Si cela était arrivé, j'aurais beaucoup moins d'inquiétude sur l'issue de cette affaire. M. l'avocat-général a dit qu'il accepterait nos explications. Eh bien ! nous venons isolés, sans l'appui de nos co-accusés, sans nous prévaloir de leur absence, parler le langage de la simple logique.

Le parquet met toujours en avant le système de la raison d'état, afin de vous laisser craindre de mettre l'état en péril ; si vous acquittez, vous n'avez pas à vous inquiéter de cela. M. l'avocat-général dit que la cause de la poursuite a été les mots de *Roi* et de *Reine* donnés par la lettre; et nous vous dirons sous quelles impressions nous l'avons reçue. Elle vient de l'étranger, elle contient des détails que personne ne connaissait; nous l'insérons, et l'on dit que nous proclamons une autre forme de gouvernement; mais ce titre n'est qu'honorifique : les qualifications de Dauphin et de Dauphine sont des conditions successives, qui précèdent le titre de roi. Que nous eussions dit que le roi des Français n'a pas été légitimement élu, et que d'autres personnes étaient frustrées, oh! alors nous concevrions la poursuite; mais telle n'est pas la question : notre correspondant a dit ce qui se passait à l'étranger, et nous avons répété. Là, on appelle ainsi les princes.

En France, où la charte de 1830 nous régit, si une telle lettre datée de France avait rapporté le fait et que nous l'eussions mise, il y aurait faute de notre part; mais, dans la situation actuelle, ce titre appartient là-bas à M. le Dauphin et à Mme la Dauphine, et le fait fût-il sorti de notre rédaction, il n'y aurait pas de pénalité, à plus forte raison venant de l'étranger.

A Rambouillet, il y a eu une certaine abdication signée, on sait comment. Eh bien! quand M. le Dauphin a signé cet acte, n'eût-il été roi que le temps de prendre la plume des mains du roi son père et de signer, il l'eût été assez de temps pour porter ce titre. D'autres le lui ont donné ironiquement; mais parmi les lecteurs il y en a qui veulent prendre l'ironie au sérieux, M. le Dauphin sera roi. Nous n'avons pas dit roi de France. Quand Napoléon était à Sainte-Hélène, il n'était pas empereur des Français, mais il était empereur; et quand il fut mort, on a dit souvent du duc de Reischtadt: Napoléon II, et la Restauration n'a jamais poursuivi pour cela.

Gustave IV, roi de Suède, a abdiqué; il y a un autre roi à Stockholm, cela n'empêche pas que l'on traite toujours en roi celui qui ne gouverne pas.

Vous ne pouvez pas dire, M. le duc d'Angoulême, en parlant de M. le Dauphin. Il a perdu ce titre en 1814, en en prenant un plus élevé, et l'on ne rétrograde pas. Quand le père du roi des Français est mort, son fils, qui était exilé sous le titre de duc de Chartres, a pris le nom de duc d'Orléans, qui était celui de son père, et tout le monde a dit le duc d'Orléans. C'est la condition des familles princières. Si aujourd'hui vous dites M. le Dauphin, on ne saura pas de qui vous parlez, car dauphin c'est le titre du fils aîné du roi. Eh bien! son père mort, il est roi, c'est le titre de sa famille, et cela me rappelle une anecdote d'un autre temps. Un homme est traduit devant le tribunal révolutionnaire. Le président lui demande : Citoyen accusé, comment te nommes-tu? — Je m'appelle le *marquis de Saint-Cyr*. — Il n'y a plus de marquis. — Alors je m'appelle *de Saint-Cyr*. — Il n'y a plus de *de*. — Je m'appelle donc *Saint-Cyr*. — Il n'y a plus de *saints*. — Eh bien! je m'appelle *Cyr*. — Il n'y a plus de *sires* dans la république une et indivisible. — Ma foi, M. le président, appelez moi alors comme vous voudrez, puisque vous m'enlevez tous mes noms. (Explosion de rires ; un jeune homme applaudit avec force. M. le président ordonne qu'on le fasse sortir : cet ordre est exécuté.)

M. DE LISLE. Je vous prie, M. le président, de ne pas appliquer à la cause un incident qui est tout-à-fait en dehors.

M. Plougoulm. Mais quel rapport y a-t-il?

M. de Lisle. Je voulais dire que M. le Dauphin, d'après le système d'accusation, est dans le même cas; car quel nom donnerez-vous désormais à Louis-Antoine de France?

Au sortir de juillet, chacun proposa sa forme de gouvernement. Les uns la voulaient républicaine, et de là vint la loi du 29 novembre 1830; mais on ne peut pas nous l'appliquer. Indépendamment de tous les partis et de toutes les factions, c'est le dogme monarchique que nous professons; et si la République ou l'Empire surgissaient, M. l'avocat-général et moi nous serions confondus dans la même prison. Jamais vous ne pourrez nous reprocher d'avoir adhéré à une pareille forme de gouvernement.

M. Plougoulm. — Avant que votre argumentation soit complète, je dois vous avertir que vous êtes sous l'empire de la loi de 1830, qui a banni à perpétuité la famille royale exilée.

M. DE LISLE. — Eh! bien, je dis que la simple mention de *Roi* et de *Reine* était un titre indélébile qui ne comporte pas l'intention d'avoir voulu changer la forme d'un gouvernement. Nous n'avons pas donné, avec le nom, les droits royaux. Non, nous avons raconté ce qui est arrivé à l'étranger, et nous avons dit que, le Roi mort, le titre de roi a été donné à son fils. Nous n'avons pas reçu mission de faire valoir les droits de Louis-Antoine au trône de France. Nous disons ce que nous croyons qu'il est bien de dire. Nous agissons comme le médecin avec son ordonnance et le prédicateur avec sa parole : c'est à accepter ou à refuser. Et sous quelle impression cette lettre a-t-elle été écrite ? Devant une famille en pleurs, prosternée aux pieds d'un roi mourant, en face de l'Europe qui déplore cette mort si chrétienne. Encore une fois, le correspondant a écrit ce qui se passait autour de lui, ce que tout le monde disait autour de lui. Si vous étiez à Vienne, vous verriez les honneurs que l'on rend à la mémoire du roi défunt. Et cependant Vienne est notre alliée! Et si vous lui demandiez des explications, elle vous répondrait qu'elle honore le rang suprême.

L'emploi de ces mots ne s'applique donc qu'aux personnes, et c'est une désignation purement honorifique.

Dernièrement le *Journal des Débats* disait aussi qu'il fallait honorer ceux qui portaient la couronne qui l'avaient portée, ou qui étaient destinées à la porter. . . .
. . . .

Il y a dans l'histoire de France des rois qui n'ont jamais régné. Louis d'Outremer n'a jamais régné; et quand l'Anglais était maître de la France, Charles VII ne régnait pas, et l'on ne disait pas moins Charles VII.

M. Plougoulm. — Avez-vous un exemplaire de votre changement?

M. de Lisle. — Oui, monsieur, le voici. (Un huissier remet l'exemplaire corrigé à M. l'avocat-général.) Louis XVII non plus n'a pas régné. On dit des autres journaux : Ils ont voulu se moquer, et on les laisse tranquilles; et nous, on nous prend au milieu de notre deuil, et l'on nous dit que nous voulons détruire.

Si vous nous condamnez, demain la presse retentira de clameurs, et donnera son opinion sur ce procès misérable; car il serait ridicule de trouver que l'on a voulu renverser le gouvernement parce que l'on a donné au fils de Charles X le titre de Roi.

Les journaux qui ont écrit Roi de France et de Navarre, ont tous ajouté les lettres de possession, tandis que celui qui nous a adressé la lettre incriminée est un ancien magistrat qui fut long-temps à la tête du parquet, et nous l'avons reçue sans défiance, parce que, s'il eût cru à la susceptibilité du parquet actuel, il n'eût pas employé les termes dont il s'est servi. J'espère donc qu'en pesant tous ces motifs, vous rendrez l'arrêt d'acquittement que j'attends de votre impartialité.

M. Plougoulm. Déclarez-vous que vous n'attachez aucun droit à ce titre de Roi et Reine?

M. de Lisle. Je ne me crois pas tenu de répondre à cette question, et cependant je dirai que nous ne nous mêlons pas des événemens. Nous disons, quel est le droit. Libre aux autres de le prendre ou de ne le pas prendre. Ce sont des doctrines conformes à la saine morale; mais vous ne nous trouverez jamais à prêcher des émeuses.

M. Plougoulm. Je vous demande si vous déclarez que la *France* n'a pas dû attacher de droit à la qualification de *Roi* et de *Reine* donnée à M. *le Duc* et à Mme *la Duchesse d'Angoulême*.

M. de Lisle. Permettez, ceci est autre chose.

M. Goyer-Duplessis. Comme conseil de M. de Lisle, je l'engage à ne pas répondre. Ce n'est pas un interrogatoire que l'on puisse lui faire subir. Les pièces sont sous les yeux du jury qui appréciera.

M. Plougoulm. Alors le fait reste que l'on ne nous a pas donné de réponse.

M. de Lisle. Je répète que nous laissons aller les événemens, que nous ne les provoquons pas. Nous disons que nous avons mis le nom sans la qualification qui y est ordinairement attachée, et nous nous interdisons le droit de le faire.

M. Plougoulm. Vous avez dit dans votre article : une plaie qui reste ouverte pour l'Europe et pour la France. Qu'entendez-vous par là ?

M. de Lisle. J'attendrai pour répondre, M. l'avocat-général, que vous ayez dit vous-même quel sens vous attachez à ces mots :

M. Plougoulm réplique alors et soutient l'accusation avec force. Il pense que l'intention perce sous la lettre : puis s'appuyant sur quelques journaux de province qui ont textuellement reproduit la lettre, il y cherche la preuve que d'autres exemplaires ont été envoyés par une autre voie que celle de la poste.

L'utilité des lois de la presse est d'empêcher que les mauvaises passions soient nourries, que de mauvaises espérances soient entretenues.

Nous savons, ajoute M. l'avocat-général, combien est faible et impuissant le parti dont la *France* et d'autres journaux sont les organes ; mais toutes les fois qu'il y a délit et que les lois sont violées, il doit y avoir condamnation.

Quant à la douleur du journaliste, elle

n'est pas admissible. Le gérant est responsable de ce qu'il insère, lettre ou article, il doit répondre de ce qu'il publie. Si vous aviez blâmé la qualification en la donnant, vous seriez excusables. Mais non : vous, journal du roi, vous adoptez ce qu'on vous envoie de *Goritz*.

M. Plougoulm appuie ensuite sur les réflexions qui précèdent la lettre dans le numéro du 15, et y trouve au contraire que l'on savait très bien, en l'écrivant, ce qu'on écrivait.

Quant à devenir roi quand le père meurt, comme un vicomte devient comte à la mort de son père, ce n'est pas la même chose. Le dauphin qui prend le titre de *Roi* ne peut le faire que quand il a droit à la couronne, et ce droit, où est-il? soutiendra-t-on que Charles X est encore roi de France et que la révolution de juillet n'a pas brisé ce titre sur sa tête en le donnant à un autre? Mais, direz-vous, comment s'appellera désormais son fils ? comme il s'appelait lorsque la révolution de juillet l'a saisi. M. le duc d'Angoulême ne peut être roi de France, parce que ce titre ne peut lui venir que par droit et que ce droit n'existe plus. Ce titre de *Roi* n'est immense que quand on le porte ou quand on l'*usurpe*. (Mouvement.)

Si vous acquittez, MM. les jurés, on ne manquera pas demain de dire qu'il s'est trouvé un jury français qui a trouvé bon qu'il y eût un autre roi que le roi des Français, et l'on verra à l'étranger un autre gouvernement fondé.

Mais, non, vous ne le voudrez pas. Vous ne voudrez pas que l'on dise qu'il y a en France un parti qui peut voir un autre roi à l'étranger, et vous rendrez une décision sage, basée sur la vérité.

Il y a eu un badinage d'esprit sur la forme monarchique. On a dit qu'en cas de révolution la même prison nous renfermerait; il faut s'entendre: nous, nous ne voulons que la monarchie telle que la France se l'est donnée en 1830.

Si votre conscience vous dit d'acquitter contre notre vœu, soyez sûrs que la presse carliste en fera son profit, et que nous aurons pour long-temps à entendre dire qu'il y a ailleurs qu'en France un roi de France.

M. DE LISLE. C'est évidemment un procès de tendance que l'on nous fait; c'est la tactique ordinaire du parquet de dire : Prenez garde aux dangers que vous allez nous faire courir; demain on dira telle ou telle autre chose. Ce langage, Messieurs, serait bon dans un conseil-d'état ou devant des législateurs. Si la loi n'est pas suffisante, il faut la changer, mais ceci n'entre pas dans vos attributions. Vous êtes juges et vous avez à examiner si le délit existe. Mais le parquet n'a pas le droit de descendre dans nos consciences et de prévoir notre pensée ultérieure.

On nous impute le délit d'avoir attenté *aux droits que Louis-Philippe tient du vœu de la nation, d'avoir attaqué l'ordre de successibilité au trône, et d'avoir fait adhésion à une autre forme de gouvernement.* Voilà ce que vous avez à juger.

Mais l'avocat général m'a demandé ce que j'entendais par cette plaie ouverte aux yeux de la France et de l'Europe ; j'ai voulu dire qu'une personne investie des droits de roi et des titres de gouvernement était morte dans l'exil. Et qui vous dit que l'avenir ne se prévaudra pas du passé, et qu'un jour, se rappelant ce qui a été fait, d'autres ne seront pas envoyés à l'échafaud ou dans l'exil....

M. Plougoulm. Ne comparez pas 1830 à la mort de Louis XVI.

M. de Lisle. C'est cependant ce que vous avez fait en 1830.

M. Plougoulm. Et l'on a bien fait. (Mouvement.) Vous n'avez pas le droit de prévoir que le roi des Français manquera à ses sermens.

M. DE LISLE. Si l'on ne m'avait pas interrompu….

M. PLOUGOULM. J'ai le droit de le faire.

M. DE LISLE. On saurait que j'allais expliquer ma pensée. J'ai pu croire, que vous cherchiez à donner au jury une idée qui n'était pas la mienne.. la dynastie que l'on a renversée avait duré 1,400 ans. Eh! bien, vous ne pouvez empêcher le publiciste de se porter à quelques autres 1,400 ans en avant au lieu de rétrograder, et de prévoir, ou du moins d'envisager l'avenir.

On a dit que les journaux de province avaient reçu la *France* par une autre voie que celle de la poste. Eh! bien, messieurs cela n'est pas; pas un exemplaire n'a franchi l'enceinte de Paris; mais l'*Echo,* l'*Estafette,* qui paraissent à midi et reproduisent les journaux du matin, ont répété la lettre; ces journaux n'ont pas été saisis et voilà comment elle a été copiée dans les journaux de province; enfin, il y a à Paris trois ou quatre bureaux de correspondance politique qui ont pu l'envoyer; mais le fait n'est pas nôtre, et nous n'avons pas fraudé la loi.

Quant aux mots : *Héritier des droits de son auguste père*, M. le Dauphin.... Si M. l'avocat général, au lieu de s'arrêter là eût, achevé la phrase, il aurait vu que ces mots s'appliquaient aux soins et à la protection dont la jeunesse de M. le duc de Bordeaux a besoin.

Aujourd'hui, par exemple, je donne une autre lettre qui dit que l'ambassadeur de *Louis-Philippe*, à Vienne, M. le *comte de Saint Aulaire*, en apprenant la mort de *Charles X*, a versé d'abondantes larmes : Je le dis parce que c'est un fait.

Le titre de *roi* est si bien indélébile, que M. de Broglie l'a reconnu en pleine chambre des pairs en parlant de Charles X, et a fait rejeter le mot d'*ex-roi*. On a mis dans la loi : le *roi*; ainsi, le gouvernement a reconnu lui-même que ce titre pouvait être donné sans les droits qui y sont attachés.

Dans le procès des ministres du roi Charles X, on les a condamnés à la mort civile, et cependant on ne peut trouver mauvais, malgré le jugement, que l'on donne à ces infortunées victimes les titres dont ils jouissaient avant leur condamnation ; la loi leur enlève la tutelle de leurs enfans et la gestion de leurs biens, et cependant ils l'ont toujours conservée.

Nous n'avons point commenté le fait; nous l'avons au contraire livré tel que nous le recevions.

Je répète que nul exemplaire n'est parti par une voie détournée, et que la reproduction a été faite par les journaux non saisis. Il n'y a à invoquer ni raison d'état, ni ce que la presse dira demain, et convaincu que les mots *roi* et *reine* ne sont pas incriminables, j'attends votre verdict avec confiance. (Mouvement d'approbation.)

M. Gohier-Duplessis. Je me proposais de présenter la défense de la *France* sous une autre forme, mais M. de Lisle a dit tout ce que je voulais dire.

La première question qui vous sera présentée sera celle de savoir si en donnant le nom de roi et de reine au fils de *Charles X* et à la fille de *Louis XVI*, la *France* a commis le triple délit qui lui est imposé.

Sans doute ces expressions d'attaque *aux droits que Louis-Philippe tient du vœu de la nation à l'ordre de successibilité au trône et d'adhésion à une autre forme de gouvernement* présentent, l'idée qu'on peut compromettre la sureté publique, mais je ne pense pas qu'on puisse croire qu'un fait de la nature de celui qui vous est soumis emporte cette idée.

M. l'avocat-général vous a dit que le gouvernement était fort et ne craignait pas les partis. Sans doute il ne pense pas davantage qu'un verdict d'acquittement puisse ébranler l'état. C'est une cause que vous avez à juger sans vous préoccuper de ce qui pourra se passer au dehors. S'il y avait délit, sans doute vous devriez condamner ; mais ici il n'y a rien, pas même attaque. Vous examinerez ici l'appellation dont il s'agit, dans les circonstances que vous connaissez, peut entraîner le délit si grave dont il est question dans la loi ; et ne croyez pas qu'en répondant négativement, il sera légal de donner au fils de Charles X et à la fille de Louis XVI le titre de roi et de reine. Non, messieurs, vous ne faites pas jurisprudence, et c'est un des grands bienfaits de votre institution. On dira qu'au moyen des explications données par M. de Lisle il n'y avait rien de punissable dans sa pensée, et surtout dans celle d'un parti que

M. l'avocat-général vous a représenté comme si impuissant.

Dans le cours des débats, le ministère public a voulu connaître le secret de la *France*, et il s'est écrié : Dites-nous si désormais cette feuille est sans droits. Messieurs, c'est une faute qu'il a commise : notre conscience est un sanctuaire impénétrable que vous n'avez pas le droit d'interroger. Vous devez juger indépendamment de toutes ces professions de foi faites à l'audience. Vous avez la conviction que quand la *France* a dit le roi et la reine, elle n'a pas ajouté *de France*, et que c'est seulement un titre donné à d'augustes exilés suivant la loi de famille.

Rapprochant donc ces faits de l'interrogatoire de la loi, comme ces questions sont posées clairement, je ne pousserai pas plus loin mon raisonnement; mais je pense que l'accusé ayant agi sans mauvaise intention, vous direz : Non, il n'est pas coupable. (Mouvement d'approbation.)

Après ces plaidoieries, les débats ont été clos, et M. le président a fait le résumé avec une impartialité à laquelle nous devons rendre justice.

A cinq heures, le jury est entré en délibération.

A cinq heures vingt minutes, il est rentré et a déclaré M. le baron de Verteuil de Feuillas coupable sur les trois chefs, à la majorité. (Étonnement dans l'auditoire.)

M. Goyer-Duplessy. L'effet moral étant atteint, j'espère que la cour aura égard aux explications franchement données, et qu'elle n'ajoutera pas à la rigueur du verdict la rigueur d'un emprisonnement trop long et d'une amende trop forte.

La cour se retire pour délibérer, et au bout d'un quart-d'heure, elle rentre en séance et condamne M. le baron de Verteuil de Feuillas, gérant de la *France*, à trois mois de prison, trois cents francs d'amende (*minimum de la peine*), l'insertion et l'affiche du jugement et aux frais de justice.

L'auditoire s'écoule en se félicitant d'avoir vu la cour diminuer autant qu'elle l'a pu la rigueur du verdict.

Le lendemain, tous les journaux de la capitale s'occupaient du procès de la *France*. Je me contenterai de rappeler le jugement que portait le *Siècle* sur cette condamnation, que je ne qualifierai pas.

« Nous avions, dit cette feuille, signalé à la conscience publique la manœuvre du parquet dans le procès intenté à la *France*. La condamnation a prouvé l'habileté de cette manœuvre. Mais la manière dont elle a été obtenue ne fait pas honneur à la loyauté de la poursuite. Plusieurs journaux avaient été saisis en même temps que la *France* : s'ils avaient eu à comparaître tous ensemble devant le jury, on n'aurait pu faire porter l'accusation que sur la question de savoir si l'article publié par tous les journaux contenait en fait un attentat contre les droits de la dynastie actuelle. Mais le parquet s'est empressé de séparer la cause, d'isoler la *France* des journaux qui se fussent présentés avec des principes et des noms plus populaires et de la faire citer seule, directement, à bref délai, en vertu du pouvoir créé par *les lois de septembre*. Alors, il a pu accuser les intentions, faire un procès de tendance et mettre l'accusé et ses défenseurs en demeure de faire une profession de foi politique. Il espérait ainsi les réduire à l'alternative d'indisposer le jury par la déclaration explicite de leurs vœux, ou de se donner le tort moral de paraître abandonner leurs doctrines. »

« Un autre fait qu'il est important de remarquer, c'est l'incident qu'a soulevé inopinément M. l'avocat-général, M. Plougoulm, en introduisant dans la cause un procès-verbal constatant la reproduction de la lettre de Goritz dans divers journaux de province, et en imputant au gérant de la *France* personnellement la cause de cette reproduction. Cette pièce, furtivement introduite aux débats, et qui n'a pas été communiquée à l'accusé, a dû contribuer à déterminer la décision du jury. Nous apprenons que le journal la *France* compte faire juger par la Cour de cassation ce moyen subreptice d'obtenir une condamnation. Nous espérons que ce pourvoi ne sera pas sans résultat. C'est une chose grave, en effet, qu'une enquête administrative faufilée comme pièce à l'appui de l'accusation au milieu d'une affaire judiciaire. »

Malheureusement, cet incident que signale le *Siècle* avec le juste sentiment qu'il est fait pour provoquer, n'est pas prévu dans les conditions de la procédure criminelle, et par conséquent n'est pas un moyen suffisant de cassation. Ainsi, le plus inique procédé qui puisse être employé, pour faire triompher une accusation sans fondement, aura entraîné la condamnation de l'accusé sans qu'il soit possible d'en obtenir la réparation légale; ainsi, dans le dossier des pièces qui ont été soumises à la délibération du jury, figure un document, dont à l'heure qu'il est, nous n'avons pas même encore connaissance ! Et ce document, sur la foi duquel il est probable que nous avons été condamnés, nous place, outre la pénalité qui nous est infligée, sous la prévention morale d'avoir fait une allégation fausse en affirmant sur l'honneur qu'aucun exemplaire de notre numéro saisi n'était sorti de nos bureaux pour aller dans la province.

Lorsque de pareils moyens peuvent être mis en jeu pour obtenir des verdicts de condamnation en matière politique, c'est une dérision que de parler *égalité, liberté de la presse, justice du pays, institutions libérales*, et par-dessus tout équitables chances laissées aux débats judiciaires en faveur de la défense des accusés.

III.

Opinion de la Presse sur ce procès. — Deux autres citations en cour d'assises. — Condamnation. — Entrée à Sainte-Pélagie. — Amnistie.

Il n'y aura plus de procès à la presse.
(Quelqu'un.)

Cet arrêt a-t-il ou n'a-t-il pas satisfait messieurs du parquet? nous n'en savons rien. Toujours est-il que dix jours plus tard, on lisait dans les colonnes de la *France*, numéro du 7 décembre (1836) :

« Notre numéro d'avant-hier, 7 décembre, a été saisi dans nos bureaux, sans que nous sachions à quoi attribuer cette mesure. C'est une guerre à outrance qu'on nous déclare ; c'est l'état de siége à notre égard ; c'est l'état de mise hors la loi, c'est enfin la réalisation d'un propos qui nous a été rapporté depuis long-temps : « Il faut tuer, il faut étouffer ce journal. » Voilà tout ce que nous pouvons voir dans cet acharnement contre la *France*. Cela nous rappelle un autre propos d'une autre personne de la même famille : « *Il n'y aura plus de procès à la presse.* » E sempre benè !

Il paraît que la soif des gens du parquet n'était pas encore éteinte, car trois jours seulement après, le 10 décembre, la *France* annonçait une nouvelle saisie dans ses bureaux.

« La *France*, disait-elle, a encore une fois été saisie hier soir. Nous présumons que c'est pour avoir cité les courtes réflexions que faisait la *Gazette* sur sa saisie de la veille ; car nous avons appris qu'elle-même venait d'être saisie. Cependant, tous les journaux ont répété ces mêmes réflexions, et aucun d'eux n'est poursuivi. Que veut dire cette rigueur exclusive? voilà bien les franchises révolutionnaires; liberté ne signifie autre chose que licence oppression; la licence pour le pouvoir et l'oppression pour la société. Mais il y a de l'impudeur dans l'opiniâtreté de ces persécutions à l'égard d'un ou deux organes, quant à tous les autres, il est alloué de tout dire impunément.»

Ces deux saisies me valurent, en cour d'assises, sept mois de prison et quelques mille francs d'amende.

Quelques mois plus tard, je fus encore poursuivi par le parquet pour avoir inséré une annonce intitulée: *Qui risque gagne*; c'était la rubrique sous laquelle s'annonçaient les loteries de Vienne depuis la suppression de ces établissemens en France. En recevant mon assignation, je ne pus m'empêcher, en présence des diverses condamnations qui m'avaient frappé, de penser et d'écrire que : *Qui risque ne gagne pas toujours.*

Le 2 avril 1837, je dus me constituer à Sainte-Pélagie, où je retrouvai M. le marquis de St-Maurice, auquel j'avais succédé.

Peu de jours après, on vint m'extraire de Sainte-Pélagie pour me conduire au Palais-de-Justice, afin de m'entendre condamner à 25 fr. d'amende pour l'annonce : *Qui risque gagne.*

Les vexations dont je fus abreuvé ce jour-là m'engagèrent à envoyer à mon journal une protestation contre l'odieuse conduite du parquet à mon égard.

Voici cette protestation, précédée des réflexions du rédacteur, telle qu'elle a paru dans le numéro de la *France* du 14 avril 1837 :

« Nos lecteurs savent que l'un de nos gérans, M. le baron de Verteuil de Feuillas, s'est depuis le 2 avril constitué prisonnier à Sainte-Pélagie, où il supporte les condamnations prononcées contre lui et où il a retrouvé son prédécesseur, M. le marquis de Saint-Maurice, condamné comme lui pour de précédens articles.

Dernièrement, M. de Saint-Maurice, qu'une plainte portée contre lui avait appelé à la police correctionnelle, a signalé les formes dures et vexatoires de la justice envers les prisonniers. Aujourd'hui, nous avons encore à nous plaindre des rigueurs employées envers M. de Verteuil, dont la conduite noble et loyale comme celle de M. de Saint-Maurice, repoussait ces précautions inusitées pour de tels hommes. Les faits sont graves, et ils parlent tellement d'eux-mêmes, ils inspireront une telle réprobation que nous croyons devoir insérer, sans autres commentaires, l'énergique protestation de M. de Verteuil.

« Sainte-Pélagie, 10 avril 1837.

« Appelé vendredi dernier en police correctionnelle pour l'annonce que nous avions insérée le mois dernier, et qui était intitulée : *Qui risque gagne*, j'ai dû me rendre devant la sixième chambre d'accusation, d'après l'assignation que j'avais reçue précédemment. Il était huit heures du matin lorsqu'on m'appris qu'un ordre de M. le procureur du roi m'appelait au Palais-de-Justice. A dix heures et demie, je sortis de Sainte-Pélagie, escorté de trois gardes municipaux, dont l'un était auprès de moi dans la voiture et deux autres suivaient à cheval. Arrivé à ma destination, on me mit dans une espèce de chambre voûtée, appelée *Souricière*, et où précédemment mon confrère et ami M. le marquis de Saint-Maurice, avait fait un séjour de cinq heures. Je n'y restai qu'un instant, et l'on ne m'en retira que pour me mettre dans une espèce de caveau de six pieds de long sur cinq environ de large. Une ouverture circulaire d'un diamètre de dix à douze pouces permettait à l'air extérieur une faible communication avec l'air empesté que nous respirions dans ce cachot. Je dis nous, car nous étions cinq; nous ne pouvions ni nous asseoir ni nous promener. L'espace suffisait à peine pour nous tenir debout sans nous toucher. Ajoutez à cela que nous étions dans l'eau et entourés d'une atmosphère de tabac, et vous n'aurez encore qu'une faible idée de ce que j'ai dû souffrir pendant les cinq heures que j'ai passées dans cet horrible cachot. Voulant parler à mon avocat, un huissier vint ouvrir. Je lui témoignai mon désir, il me ferma brusquement la porte au nez. Une demie heure après je frappai encore; l'huissier revint : je le priai de demander au président qu'il me fût permis de communiquer avec mon avocat; même réponse. A cinq heures nous n'étions plus que deux, et j'appris alors par mon compagnon d'infortune, que l'un de ceux qui nous avaient quittés était repris pour avoir rompu son banc, c'est-à-dire qu'étant sous la surveillance de la haute police *comme libéré des travaux forcés*, il s'était enfui du lieu qui lui avait été désigné. À quatre heures et demie, je fus enfin appelé. Deux gardes municipaux m'introduisirent dans la salle d'audience, me conduisent au banc des accusés et se placent à mes côtés. Le procureur du roi se dispose à présenter l'accusation. Je me lève aussitôt, et je demande au président de vouloir bien me laisser dire un mot avant d'entendre le procureur du roi. La parole m'ayant été accordée, je dis : « Je ne peux me rendre compte, Monsieur le président, des vexations dont j'ai été l'objet depuis ce matin ; si j'étais un assassin, un voleur, je n'aurais pas été traité différemment ; on a poussé la tyrannie jusqu'à m'interdire toute communication avec mon avocat. Un huissier s'est refusé de vous demander, de ma part, ce droit que l'on n'eût pas refusé à un criminel. » Le président interpella l'huissier, qui osa me donner un démenti. Oh! alors, je ne pus me contenir : « Vous êtes un insolent, lui dis-je, et il faut que vous soyez bien certain d'être soutenu par derrière pour oser insulter ainsi un homme d'honneur. « Ne pouvant plus me contenir, je m'assied; alors le procureur du roi s'empare de l'accusation qu'il soutient avec chaleur, et qu'il termine par ces mots : « Si on s'était contenté d'insérer cette annonce, bien qu'elle portât atteinte aux lois, qui prohibent la loterie, il n'y eut eu que demi-mal ; mais écoutez, messieurs, ce qui a été inséré dans le journal du lendemain; après avoir annoncé qu'il venait de recevoir une citation en police correctionnelle, le journal s'exprime ainsi : cette nouvelle assignation, et les quelques autres qui l'ont précédée, nous prouve que qui risque ne gagne pas toujours.

« Le président, se tournant vers moi : Gérant de la *France*, vous acceptez la responsabilité de ces articles ?

— Oui, M. le président, et d'autant plus que je suis l'auteur du dernier; et vous conviendrez, du reste, qu'il m'était bien permis, après avoir comparu six fois, tant en cour d'assises qu'en police correctionnelle, et toujours condamné, de penser et d'écrire en recevant une assignation pour un article intitulé : *Qui risque gagne,* que *Qui risque ne gagne pas toujours.*

«Après avoir entendu la défense présentée par M. Goyer-Duplessis, le tribunal m'a condamné à 25 fr. d'amende.

« Je me lève et proteste alors de nouveau contre l'illégalité des moyens de rigueur qu'on avait employés contre moi, et je déclare à M. le président qu'en vertu de la loi, je ne pouvais ni ne devais me rendre à Sainte-Pélagie, ni en sortir qu'accompagné d'un huissier. A la sortie de l'audience je fus de nouveau conduit à la Souricière où j'avais d'abord été mis, et de là au bureau des huissiers, d'où je partis un instant après, dans la voiture, dite panier à salade, en compagnie de sept condamnés, un huissier et quatre municipaux. Si on eût retardé d'un an le jugement de Lacenaire, peut-être eût-il été mon voisin.

« Le baron de VERTEUIL DE FEUILLAS. »

Je ne restai que cinq semaines à Sainte-Pélagie, l'amnistie étant survenue, et la *France*, dans son numéro du 11 mai 1837, disait :

« L'ordonnance d'amnistie a déjà eu son effet à Paris : notre position toute spéciale nous permet d'en donner quelques nouvelles à nos lecteurs.

« Ce soir, à six heures, M. l'inspecteur de Sainte-Pélagie s'est transporté, accompagné de M. le directeur, auprès de chacun des prisonniers et leur a signifié nominativement à chacun d'eux que les portes de Sainte-Pélagie leur étaient ouvertes. Conformément à cette invitation nos deux gérans, M. le marquis de Saint-Maurice et

M. le baron de Vertueil de Feuillas ont fait leurs adieux à la prison, et nos lecteurs, qui partagent nos sympathies pour ces deux loyaux athelètes de nos opinions, n'apprendront pas sans intérêt que nous avons pu les embrasser ailleurs que sous les verroux de leur prison. »

« Le lendemain, la *Paix*, journal ministériel, moins pacifique, moins conciliant que son titre ne semble l'indiquer, nous attaquait et nous dénonçait en quelque sorte, dans les termes suivans :

« La *France* veut bien nous apprendre qu'hier l'amnistie a ouvert les portes de Sainte-Pélagie à M. le marquis de Saint-Maurice et à M. le baron de Verteuil de Feuillas, deux de ses gérans, *et des plus loyaux athlètes de ses opinions*. Quelques lignes plus bas et sans craindre l'impudeur de ce rapprochement, le même journal, avec cette même *loyauté*, discute misérablement le généreux emploi des sommes considérables que le prince royal a répandues à l'occasion de son mariage. Voilà de bien touchans effets de l'amnistie! C'est bien là l'implacable reconnaissance que l'on devait attendre de ces nobles cœurs! C'est faire un loyal emploi des premières heures de sa liberté que de révoquer en doute la générosité qui vous la donne, et de poursuivre des mêmes rancunes, des mêmes injures ceux qui vous ouvrent les portes de la prison, aux dépens mêmes de la loi. »

Voici la réponse de la *France* :

« Certes, on voit que la paix ne marchande pas ses dénonciations et agit en personne qui connaît la route de la rue de Jérusalem. S'il ne tenait qu'à elle, M. le marquis de Saint-Maurice et M. le baron de Verteuil de Feuillas seraient immédiatement réunis sous les verroux. Quant à nous, on nous signale, on nous désigne au doigt; on se fait censeur occulte, substitut *ad honores* du parquet. Et si M. le procureur du roi n'avait pas eu hier plus de bon sens que la *Paix*, notre numéro ne serait pas parti. Journal d'opposition, nous ne sommes pas tenus d'exécuter un marché, et d'aller chercher nos inspirations, ou dans le regret de ne plus fréquenter les salons ministériels, ou dans l'espérance d'y être réintégré en venant en aide au petit ressentiment de M. Delessert. Hommes d'honneur et de loyauté, nos gérans ne sont pas des gens d'intrigue, allant mendier dans les antichambres ou un morceau de ruban rouge, sans avoir rien fait pour le gagner, ou tendant la main devant quelques pièces d'or : nos gérans n'ont connu du pouvoir que ses rigueurs ; l'un d'eux a marché en 1823 sous les ordres de M. le Dauphin, pour arracher l'Espagne au joug de l'anarchie, et l'autre était sous les murs de Lisbonne, combattant pour les droits sacrés de don Miguel contre l'usurpation de don Pedro. Pas plus que nous ils n'ont à recevoir de leçons d'honneur, de loyauté et de noblesse de personne, surtout de la *Paix*. Ce n'est pas aux amis de M. Guizot, aux amis des lois d'intimidation, aux gens qui ont servi tous les gouvernemens, et se sont promenés de la droite à la gauche, de la gauche au centre sans aucune convention politique, que nous demanderons des conseils. Il y a dans notre âme un foi inébranlable que rien ne peut altérer, une conscience qui ne relève que de Dieu; dans notre mission, mesurée par nous avant que d'être entreprise, nous avons vu un devoir, et, fidèles au culte du malheur, nous ne laisserons jamais mettre en doute la munificence des princes qui ont si sagement gouverné la France, et l'honneur du royaume qui nous a donné la vie! L'ingratitude est chose commune depuis sept ans; l'apostasie court les rues, et nous avons pensé qu'il fallait opposer des actes courageux et une reconnaissance éternelle à tout ce que l'humanité a produit sur notre sol de si hideux, de si lâche et de si flétrissant. »

A cette réponse, le marquis de Saint-Maurice et moi nous ajoutâmes la lettre suivante, adressée au rédacteur de la *Paix*:

« Paris 12 mai 1837.

« Nous étions loin de penser, Monsieur, qu'un organe de la presse put prêter la plume à une dénonciation, et qui plus est, à une dénonciation fausse, du moins selon les apparences. L'auteur de l'article inséré dans votre journal eut dû voir que la *France*, dont nous avons défendu et défendrons, *quand même*, les opinions, était signée par un autre que nous, et que par conséquent on ne pouvait nous en imputer la responsabilité, d'ailleurs si honorable pour nous. Oh ! si nous eussions eu la faiblesse de solliciter une grâce, on aurait le droit d'exiger de la reconnaissance. Mais loin de là, Monsieur, s'il eût été en notre pouvoir de continuer notre détention, nous serions encore à Ste-Pélagie; car nous avons encore des amis, nous, qui gémissent dans l'exil, et qui ne pensent pas comme vous que l'amistie a été trop grande ! Mais ils se consolent en songeant qu'ils ne doivent de grâce à personne. Pour vous, Monsieur, vous nous obligerez de continuer votre mandat, car un jour, nous l'espérons, notre signature viendra de nouveau répondre des articles de la *France*. Alors, si nous devons reparaître en cour d'assises, nous attendrons de votre sollicitude l'honneur d'une condamnation, vous nous offrirez ainsi les moyens de ne rien devoir à la générosité que vous semblez nous reprocher d'avoir méconnue.

« Nous vous demandons, et au besoin nous requérons l'insertion de cette lettre dans votre plus prochain numéro.

« Le marquis CHARLES DE S.-MAURICE,
Le baron de VERTEUIL DE FEUILLAS. »

Le 20 juin suivant, au retour d'un vayage que j'avais fait en Vendée, je pris de nouveau la signature de la *France*. Le parquet voulut bien me laisser tranquille jusqu'au 13 octobre de l'année 1838. On lisait dans le numéro de la *France* de ce jour:

« Paris, 13 octobre 1838.

« M. le baron de Verteuil de Feuillas, gérant de la *France*, a reçu ce matin, à huit heures et demie, une assignation pour comparaître devant le juge d'instruction, à dix heures.

« Assigné comme témoin, à propos de la lettre de M. le marquis de Giac, M. le baron de Verteuil a cru voir, dans la longue série de questions à lui faites, une accusation, et il a déclaré ne pouvoir sortir des limites de l'assignation en vertu de laquelle il comparaissait. »

Le 10 décembre 1838, la *France* avait inséré dans ses colonnes une lettre qui lui avait été adressée au sujet des trésors de Marie-Antoinette. Toutefois, le comité de rédaction avait jugé prudent de la faire précéder de ces quelques lignes :

« Nous recevons la lettre suivante, que nous donnons à nos lecteurs. Les faits qu'elle contient sont graves, et promettent un nouveau scandale. Nous ne pouvons, toutefois, en prendre la responsabilité, puisqu'elle n'est pas signée; mais nos lecteurs l'apprécieront et lui donneront le degré d'autorité qu'ils voudront. Nous attendrons, nous, pour ne pas croire aux détails que donne cette lettre, que le ministère l'ait démentie. Jusqu'à présent, nous avons été assez bien informés pour croire qu'il y a du vrai dans les communications que l'on fait avec une hardiesse qui n'existe pas dans tous les journaux.

Voici cette lettre :

« A M. le Rédacteur de la *France*.

« Paris, le 10 septembre 1838.

« Monsieur,

« Votre journal de ce jour, en annonçant que des ingénieurs doivent tenter de dégager le *Télémaque* des vases de Quillebœuf, où il est enfoui depuis environ cinquante ans, mentionne le collier de diamans de la reine Marie-Antoinette, comme devant faire partie du riche chargement de ce navire.

« Des preuves irréfragables sur lesquelles on doit incessamment appeler l'attention de l'Europe, ne permettent pas de douter que la parure dont vous parlez et beaucoup d'autres appartenant, tant à cette malheureuse princesse qu'à son auguste époux, et des valeurs considérables en pièces d'or de 48 fr. aient été enfouies près du château des Tuileries, dans la nuit qui précéda le 10 août. Les deux seuls aides que le

Roi avait choisis pour cacher ses trésors, Thierry de Ville-d'Avray et Laporte, furent massacrés peu après, l'un à l'Abbaye, l'autre par les mains du bourreau.

« Un homme, qu'un singulier hasard avait mis sur la voie de ces enfouissemens, mais qui ignorait alors quels en pouvaient être les auteurs, offrit en 1830 à M. le comte de M........ de lui fournir des indices suffisans pour faire pratiquer des fouilles. M. de M........ promit tout et fit faire des fouilles clandestines dont il sera forcé incessamment de rendre compte devant les tribunaux.

« ...... Depuis, les diamans de Marie-Antoinette se sont distribués, et c'est pour cela, qu'en certaines occasions, *on n'a rien acheté*, et que les lapidaires de Paris, dans des circonstances assez récentes, se plaignirent de ce que l'on faisait des emplettes à l'étranger. A l'égard des diamans trop connus pour être montrés ou qui ont un trop grand prix pour que de telles valeurs restent improductives, on les a fait vendre à l'étranger. C'est ainsi qu'au mois de juillet 1837, on vit dans une vente, à Londres, les POIRES en brillant, pendans d'oreilles de Marie-Antoinette, et le diamant qui occupait le milieu de l'ordre du Saint-Esprit appartenant à Louis XVI, etc., etc.

« Si ces détails vous semblent dignes d'intérêt et que vous jugiez à propos de les communiquer à vos lecteurs, on vous autorise à en publier tout ce qui peut vous convenir.

« Lorsqu'une position judiciaire qui sera prise très incessamment, permettra de dire ce qu'on ne peut encore exprimer qu'avec quelques réticences, on entrera avec votre journal dans les détails les plus circonstanciés et on vous promet dès à présent les prémices de ces intéressantes communications. »

Deux jours plus tard, dans son numéro du 12, la *France* disait :

« On assure que lors des fouilles qui eurent lieu en 1831, et dont nous avons parlé dernièrement, l'entrepreneur, M. Marthe, dont la veuve existe encore, remarqua que les ouvriers étaient surveillés avec une grande sollicitude par la sœur d'un haut personnage, laquelle ne se retirait que lorsqu'il était loisible à son frère de venir la remplacer : c'est le fait d'un bon propriétaire de veiller sur ses ouvriers : mais il paraît que cette surveillance ne fut pas sans profit, puisque le résultat fut la découverte d'une cassette, remise sur-le-champ, comme un objet précieux. »

Enfin, dans le numéro du 14 octobre, on lisait :

« La fameuse caisse de plomb, trouvée par hasard lors de la fouille des fossés des Tuileries, et cela en présence de M. Marthe, entrepreneur des travaux, dont la veuve habite au n° 2 passage Saint-Pierre, aux Batignolles, a été vue ces jours derniers dans un couloir qui règne autour de la chambre à coucher de Louis-Philippe. Quoique légère aujourd'hui, elle paraît bien conservée et en état d'être encore utilisée. »

C'est pour répondre de ces trois articles que je fus cité à comparaître devant la cour d'assises du 27 octobre, comme *prévenu d'offense envers la personne de Louis-Philippe et d'un membre de sa famille.*

Voici un extrait du compte-rendu de ce procès publié par la *France* dans son numéro du 28 octobre 1838.

IV.

Mon procès au sujet des fouilles des Tuileries. — Condamnation à un an de prison et à 3,000 fr. d'amende.

> Il paraît que décidément tout n'est pas faux dans les révélations de la presse légitimiste dans l'affaire des diamans.
> *Commerce,* 12 octobre 1838.

> Une caisse *contenant les clés des caveaux de conduite pour l'eau des bassins était déposée dans les voûtes* ; elle fut transportée au château.
> *Revue de Paris,* 14 octobre 1838.

Cette affaire avait attiré une affluence considérable : un grand nombre de ceux qu'intéresse la cause monarchique et religieuse assistaient à l'audience, et se pressaient autour de notre gérant assis au banc des prévenus.

M. le baron de Verteuil de Feuillas est assisté de M. Goyer-Duplessis, avocat, et de M. Théodore Anne, l'un de nos principaux rédacteurs.

M. Nouguier, avocat-général, occupe le fauteuil du ministère public.

Le greffier donne lecture du réquisitoire de M. le procureur-général et de l'ordonnance qui a permis d'assigner à ce jour. Il résulte de ces pièces que nous sommes accusés d'avoir dans nos numéros du 12 septembre, 4 et 12 octobre, offensé la personne de Louis-Philippe et une membre de sa famille par la publication des articles que nos lecteurs retrouveront plus bas dans la plaidoirie de M. l'avocat-général.

Le président à M. de Verteuil. Vous reconnaissez-vous l'auteur des articles incriminés?

Le baron de Verteuil. Je n'en suis pas l'auteur, mais j'en accepte la responsabilité.

Le président. Avez-vous des explications à donner?

Le baron de verteuil. Aucune; M. Gohier Duplessis, mon avocat, et M. Théodore

Anne, mon ami, sont chargés de présenter ma défense.

M. Nouguier, après un long préambule sur le bonheur que le jury doit éprouver de n'avoir plus à assister à des débats jadis si scandaleux dans nos temps de crises politiques, aborde la discussion du procès. Maintenant, dit-il, que la paix est venue s'asseoir à nos foyers domestiques, nous n'avons plus à nous occuper des délits de la presse. Organes de la loi, nous avons quelquefois appelé votre indulgence sur les délits. Cependant la tolérance ne doit pas aller jusqu'à la faiblesse ; et lorsqu'il se présente des articles audacieux, de ces articles qui révèlent d'odieuses intentions, notre indulgence cesse devant la nécessité d'une juste répression ; ainsi un délit qui s'attaque à la personne du roi, la force de notre ordre nouveau, est l'objet de notre plus sévère investigation. Ce serait en quelque sorte une forfaiture que de garder le silence en cette occasion. Le journal la *France* n'a pas reculé devant un tel délit; il a attaqué avec persévérance la personne du roi.

Dans son numéro du 12 septembre dernier, il publiait un article dans lequel un vol est reproché à Louis-Philippe. Il est vrai que dans cet article on ne s'adressait pas directement à sa personne. Aussi nous ne poursuivions pas. Enhardi par notre silence, le journal la *France* publia, le 4 octobre, un second article où Louis-Philippe était nommé. Enfin, le 14 du même mois parut un troisième article où l'on plaçait la sœur du roi. Il ne fut plus alors possible de se méprendre sur le but de cette série de publications.

Ici M. l'avocat-général explique la portée et le danger du délit reproché à la *France*, puis il examine les articles incriminés. Il donne lecture de celui qui date du 12 septembre, et dont voici la teneur.

(Voir la lettre ci-dessus, datée de Paris le 10 septembre 1838.)

Cette lecture terminée, M. Nouguier expose les faits qui, suivant lui, ont amené l'insertion de la lettre contenue dans l'article.

A l'époque de notre première révolution, dit-il, lorsque S. M. Louis XVI fut obligée de quitter Paris, les diamans de la couronne furent perdus; on fit mille conjectures là-dessus. Chacun chercha une cause plus ou moins probable à cet événement. Les uns dirent qu'ils avaient été engloutis dans la mer; les autres qu'ils avaient été enfouis dans le jardin des Tuileries. Qu'importe ? Toujours est-il que la *France* s'est emparée de ce dernier bruit, et l'a fait remonter jusqu'au trône, en portant une odieuse accusation contre le roi et son auguste sœur Mlle Adélaïde. Voilà la portée de l'article dont je viens de vous donner lecture.

Le ministère public discute les termes

de la lettre, et soutient qu'elle renferme une imputation de vol contre celui qui aurait trouvé les diamans et qui les aurait retenus dans ses mains. Bientôt, ajoute-t-il, vous verrez dans l'article suivant quelle personne il a voulu désigner, bien qu'il ne parle dans celui-ci que de M. le comte de Montalivet ; car il faut le dire, c'est M. le comte de Montalivet qu'on a voulu désigner par ces mots : M. le comte de M..... Voici le deuxième article, il est clair :

« La fameuse caisse de plomb trouvée par hasard lors de la fouille des fossés des Tuileries, et cela en présence de M. Marthe, entrepreneur des travaux, dont la veuve habite au numéro 2 du passage Saint-Pierre aux Batignolles, a été vue ces jours derniers dans un couloir qui règne autour de la chambre à coucher de Louis-Philippe. Quoique légère aujourd'hui, elle paraît bien conservée, et est en état d'être encore utilisée. »

Ce n'est pas tout, ajoute M. Nouguier, ces deux articles ne sont rien, il faut voir ce que l'on dit dans le dernier :

« On assure que lors des fouilles qui furent faites en 1831, et dont nous avons parlé dernièrement, M. Marthe, dont la veuve existe encore, remarqua que les ouvriers étaient surveillés avec une grande sollicitude par la sœur d'un haut personnage, laquelle ne se retirait que lorsqu'il était loisible à son frère de venir la remplacer. C'est le fait d'un bon propriétaire de veiller sur ses ouvriers Mais il paraît que cette surveillance ne fut pas sans profit, puisque le résultat fut la découverte d'une cassette remise sur le champ comme un objet précieux. »

Voilà, continue le ministère public, voilà ce qui constitue l'offense. La défense ne viendra pas sans doute dire que Louis-Philippe et Madame Adelaïde n'ont pas été nommés. Ces désignations sont trop patentes. Il est vrai qu'il y a un langage connu à la cour, c'est le mot *auguste*, appliqué à la personne du roi, et que le prévenu ne s'est point servi de ce mot, mais qu'il a employé les expressions de *haut personnage*; il n'est cependant pas moins évident qu'on a voulu désigner le roi. Et ces fouilles faites en présence du frère et de la sœur, et cette caisse qui se trouve dans le couloir de la chambre de Louis-Philippe, et ce bon propriétaire qui veille à ses ouvriers, tout cela peut-il laisser quelques doutes? Le bon propriétaire, c'est le roi; sa sœur, c'est Mademoiselle Adélaïde, et je demande si en publiant ces articles, le journal la *France* n'a pas voulu tuer la personne du roi. Je ne parle pas de ce régicide qui enlève le corps et l'âme, mais à côté de ce crime, il y a un autre régicide, un régicide moral qui tue la considération, qui fait tomber le roi du piédestal où la nation l'a élevé, pour le faire descendre au rang des classes les plus abjectes. Messieurs, en présence de tels articles, la *France* est jugée.

M. l'avocat-général fait ensuite observer que, par inadvertance, on a dit dans le réquisitoire que les trois articles contenaient également offense envers la personne du roi et celle de sa sœur; mais, dit-il, il faut rectifier cette erreur. Les trois articles contiennent bien offense envers le roi, mais il n'y a que le troisième qui soit relatif à l'offense envers Madame Adélaïde.

Il termine en appelant sur notre gérant toutes les rigueurs des lois sur la presse.

M. Goyer-Duplessis (mouvement général d'attention). La citation donnée au gérant du journal la *France*, quels que soient les torts qui lui sont imputés, et que le ministère public vient de nous retracer si vivement, lui a causé cependant une grande surprise. En effet, Messieurs, quand un article paraît dans un journal, si cet article contient des assertions fausses et controuvées, l'autorité a le droit de les rectifier. ce droit lui est donné par les lois de septembre, et l'autorité n'a jamais manqué d'en user. Je pourrais à cet égard citer plus d'un cas où l'autorité ne s'est pas fait faute de rectifications, où elle a envoyé à des journaux des notes rectificatives, et que ces journaux, conformément à la loi, ont insérées, quelqu'étendues qu'elles aient été. Le ministère public a dit que le pouvoir avait montré vis-à-vis du journal la *France* une grande longanimité, que d'abord il avait fait semblant de ne pas comprendre le premier article de la *France*. Mais nous aurions le droit, nous, Messieurs, de nous plaindre de cette mansuétude du pouvoir ; car enfin, si après l'article du 12 septembre, il nous eût envoyé une rectification, nous l'eussions insérée, et très certainement les deux autres articles n'eussent pas paru. C'est donc, Messieurs, grâce au silence de l'autorité que nous paraissons aujourd'hui devant vous.

Maintenant, voyons si les articles incriminés sont coupables : voyons s'ils méritent de votre part une réponse affirmative de culpabilité. Examinons d'abord si les articles incriminés font allusion à la personne de Louis-Philippe, ensuite nous examinerons s'ils sont aussi offensans, aussi injurieux que le prétend M. l'avocat-général. Enfin, en dernière analyse, nous vous demanderons s'il n'y a pas en faveur du gérant de la *France* des considérations de bonne foi qui ne permettent pas de le déclarer coupable. Coupable! ce mot comporte en lui, non seulement le fait, mais encore la question de savoir si les articles ont été publiés méchamment, dans une intention manifeste d'offenser, d'injurier.

Les articles font-ils allusion à la personne de Louis-Philippe?

Vous connaissez le premier article et la

lettre qui le suit : il vous en a été donné lecture par M. l'avocat-général. Rappelez-vous les expressions qu'ils contiennent, mais rappelez-vous aussi que Louis-Philippe n'y est nullement désigné, encore moins nommé. On se contente de rapporter les faits. On dit que des objets ont été cachés sous terre, que des fouilles ont été opérées, que des choses premières ont été extraites, que l'auteur de la lettre s'est adressé à M. le comte de M...., disons-le à M. le comte de Montalivet, M. l'avocat-général l'a nommé, mais Louis-Philippe est-il désigné ? nullement.

Il est évident que les faits dont on parle se rapportent à M. le comte de Montalivet; il est évident que tous les détails contenus dans la lettre ont trait à un intendant de bonne maison, à l'intendant-général de la liste civile, à M. le comte de Montalivet enfin. Ainsi ce sont des faits dont on demande compte à ce dernier, la lettre le dit positivement ; donc il est impossible de dire que l'article du 12 septembre fasse la moindre allusion à Louis-Philippe. On tire la même conséquence des deux articles qui en ont été la suite. En effet, dans le deuxième, celui du 4 octobre, la personne de Louis-Philippe est-elle désignée d'une manière plus évidente que dans le premier? Voyons! On dit qu'une caisse vide se trouve dans le corridor de la chambre à coucher de Louis-Philippe. Ici, c'est vrai, on nomme le personnage : mais comment? N'est-ce pas comme une indication de localité. On ne dit pas que Louis-Philippe se soit approprié ce que contenait la caisse. On a vu la caisse vide dans le corridor, voilà tout. Eh ! mon Dieu cette caisse était là, il est vrai, mais elle pouvait y être sans que Louis-Philippe en eût connaissance. L'auteur de l'article a donc pu avancer ce fait sans pour cela avoir voulu imputer un vol à Louis-

Philippe, imputation contre laquelle le ministère public s'est élevé avec tant de force.

Quant au troisième article, et toujours dans le but d'examiner si Louis-Philippe a été l'objet des imputations signalées par le ministère public, voyons encore où se trouvent ces imputations. On dit dans cet article que pendant les fouilles, la sœur d'un *haut personnage* surveillait les ouvriers, et que le frère remplaçait ensuite la sœur; le ministère public a pensé que par ces expressions : *la sœur d'un haut personnage*, on voulait désigner Madame Adélaïde, sœur de Louis-Philippe, et que dès-lors on avait insulté Louis-Philippe et sa sœur. M. l'avocat-général a parlé tout-à-l'heure des usages de la cour; je connais aussi ces usages et je sais que l'expression d'*auguste* s'applique exclusivement au roi, mais il n'en est pas de même des mots *haut personnage*.

Messieurs, le palais des Tuileries renferme d'autres personnes que Louis-Philippe et sa famille. Depuis la révolution de juillet on pourrait citer MM. tels et tels qui, devenus de *hauts personnages*, habitent le château des Tuileries. Par exemple, M. le comte de Montalivet est un haut personnage; il est intendant de la liste civile, il gouverne dans ce palais, quoique n'étant pas ministre constitutionnellement responsable, et l'épithète dont il s'agit peut lui convenir.

J'arrive au second point de la cause, à celui qui a pour objet la question de savoir s'il y a véritablement offense envers Louis-Philippe en supposant que les articles incriminés fassent allusion à sa personne.

De quoi s'agit-il donc dans ces articles? Je l'ai déjà dit, de fouilles qui auraient été faites, de trésors qu'on aurait découverts, d'une caisse qui serait placée dans le corridor de la chambre à coucher de Louis-Philippe, d'objets précieux qui seraient restés en la possession de ce prince.

Remarquez que tout cela se présente sous la forme du doute : ce serait tout au plus une imputation que l'on ferait à Louis-Philippe d'aimer les richesses. Mais, Messieurs, qui ne sait que la condition d'un chef de gouvernement est d'être continuellement en butte à mille suppositions ; c'est le malheur de sa condition ; il faut qu'il s'y résigne, et puis il en est peut-être dédommagé d'un autre côté. Eh! Messieurs, lisez notre histoire contemporaine ; combien d'absurdités n'a-t-on pas dites sur le compte de Charles X ? Je dirai plus, ceux-là mêmes qui se montrent aujourd'hui si susceptibles à l'égard de la personne de Louis-Philippe, de la personne du roi de leur choix, n'ont pas craint de concourir à la propagation de ces absurdités.

La *France* avait ouï dire qu'on avait trouvé des diamans ; elle a usé du droit de la presse en publiant ce fait, sous la forme du doute, et elle attendait que le pouvoir vînt rectifier l'allégation, ce que malheureusement il n'a pas fait.

Enfin, Messieurs, on a trouvé une caisse : les journaux ministériels ne le contestent pas, et j'ai sous les yeux la *Revue de Paris*, journal essentiellement ministériel, essentiellement dynastique, qui avoue le fait. Il s'exprime ainsi :

« La lettre de M. de Giac a été envoyée au procureur du roi, et déjà les ouvriers, mis en demeure de s'expliquer, ont déposé de manière à réfuter ces honteuses accusations. Une seule circonstance a pu faire naître ces calomnies: *une caisse, contenant les clés des canaux de conduite pour l'eau des bassins, était déposée sous des voûtes, et elle fut transportée au château.* »

Vous examinerez, Messieurs, ce que faisaient là les clés d'un réservoir; toujours est-il vrai qu'une caisse a été trouvée. Sans doute il ne résulte pas de là qu'il y ait eu un voleur, nous nous contenterons de rapporter le bruit qui a eu lieu à l'occasion de cette caisse. Nous disons qu'il paraît qu'une personne ayait donné des indications, et le nom de cette personne, nous le donnerons plus tard. Cette personne, disons-nous encore, a donné des renseignemens à M. le comte de Montalivet sur un trésor qui aurait été enfoui dans le jardin des Tuileries ; et, hors de sa présence, on a fait des fouilles. Cette personne a été mécontente, parce qu'aux termes de la loi, elle avait droit à la moitié du trésor. Elle se propose d'intenter un procès à M. le comte de Montalivet ; mais jusque-là elle n'a pu trouver un huissier qui ait voulu délivrer une citation au ministre de l'intérieur. Je regrette sincèrement les obstacles qu'elle a trouvés, car, peut-être en ce moment, produisons-nous un titre authentique. Au surplus le rédacteur principal de la *France* se propose de vous donner sur les faits de plus amples détails que moi.

Que résulte-t-il d'ailleurs des explications que je viens de vous soumettre? que la *France* a été tout au plus induite en erreur par les documens qu'on lui a donnés. Dans ce cas, n'y a-t-il pas véritablement bonne foi de sa part?

Dès lors, s'il est prouvé qu'il y a eu bonne foi, le délit n'existe plus, il n'y a pas d'injure de la nature de celle que l'on nous reproche envers Louis-Philippe. Enfin il n'y a pas délit, surtout quand Louis-Philippe n'est pas nominativement désigné.

En tout état de cause, y a-t-il injure? Il n'y aurait, il ne pourrait y avoir que ces allusions railleuses que tous les jours se permettent les journaux de l'opposition, grands ou petits. Vous le savez, messieurs, que ne disent pas les journaux quotidiens, les petits surtout! Louis-Philippe n'est-il pas constamment plaisanté sur son avarice, sur son amour des richesses? Eh! bien, en fait-on un crime à ceux qui plaisantent ainsi? Nullement. Si la *France* n'a eu la volonté que d'imiter les petits journaux, il n'y a donc pas lieu à la condamner; autrement il faudrait condamner tous les jours les feuilles qui s'occupent exclusivement de plaisanteries. Vous ne verrez, Messieurs, si vous le voulez, dans les articles incriminés, qu'une allusion plaisante, mais non une offense grave et sérieuse.

Messieurs, ma tâche est finie, il y a quelques détails que je n'ai fait qu'indiquer, le rédacteur principal de la *France* croit devoir demander la parole, et si on la lui accorde, il vous donnera des explications qui ne laisseront plus de doute dans vos esprits sur la bonne foi qui a présidé à la rédaction des articles. Quant à moi, Messieurs, je n'hésite pas à vous le dire, il y a eu bonne foi: dès-lors le gérant de la *France* n'est pas coupable; on s'est efforcé de soutenir le contraire, mais vous n'accueillerez pas les argumens du ministère public qui tendent à affaiblir, à enchaîner la liberté de la presse.

Vous ne punirez pas des articles publiés de bonne foi, des allusions, surtout quand vous considérerez la rigueur de la loi. Il ne m'est pas permis de parler de la peine qu'elle inflige, mais je suis assuré que vous jugerez l'affaire en hommes d'honneur, en hommes d'intelligence, et j'attends avec confiance votre décision. (Longue sensation.)

M. l'avocat-général réplique en peu de mots; il s'excuse de ne pas avoir employé la voie rectificative, par la raison que ce n'était pas un fait allégué simplement, mais un délit. Du moment, dit-il, qu'il y a eu offense, la voie de la rectification était insuffisante, il fallait la voie judiciaire. Si nous n'avons pas d'abord poursuivi le premier article, c'est que Louis-Philippe n'avait pas été nommé; mais notre mansuétude a cessé quand, après les deux autres articles, il s'est agi de remplir un devoir impérieux. Le ministère public revient ensuite sur son premier réquisitoire, et persiste dans l'accusation.

M. le président donne ici la parole à M. Théodore Anne. (Mouvement général d'attention.)

M. Théodore Anne. Messieurs les jurés, malgré les paroles de M. l'avocat-géneral, et l'impossibilité où il prétend que nous sommes de plaider la question de bonne foi, c'est précisément cette question que je viens traiter. Mais d'abord il y a eu dans la première plaidoirie du ministère public une attaque contre la *France*, attaque que nous ne pouvons pas laisser passer sans réponse. M. l'avocat-général nous a assimilés à ces êtres infâmes qui, non contens de lever l'étendard de la révolte contre leur maître, ont porté sur lui une main homicide, et il n'a pas hésité à dire que nous sommes des régicides au moral, comme d'autres l'ont été et le sont au physique. Certes, c'est là une étrange attaque. La *France* accusée d'être régicide! la *France* qui exècre et maudit ce crime! Ouvrez nos colonnes, parcourez tous nos articles, et vous verrez, au contraire, poindre à chaque mot, et percer sous chaque lettre la haine du régicide. La *France* a toujours prêché le respect dû aux rois, la *France* a toujours dit que la révolte n'était jamais permise. Hélas! l'Angleterre a eu aussi ses jours de vertige et d'erreur. Un jour elle a fait monter un de ses rois sur l'échafaud, et la tête de ce monarque est tombée au milieu de la stupeur générale; puis l'Angleterre s'est jetée dans le délire de la république : ensuite est venue la restauration des Stuarts, et après cette heureuse restauration, une autre révolution, celle de 1688. Pourtant, malgré cette autre révolution, malgré ce trône du fils de Charles Ier, brisé par la révolte, l'adoption de Guillaume III, et plus tard de la dynastie de sa belle-sœur, la reine Anne, l'Angleterre a toujours un jour néfaste dans son année : c'est le 30 janvier, et sur une des places publiques de Londres, à l'endroit où Charles Ier a été assassiné, sa statue s'élève en expiation du crime, et comme haut enseignement pour la postérité. Nous, nous avons demandé et nous demandons tous les jours que la statue de Louis XVI soit érigée sur le lieu où s'est commis le détestable régicide, et que la loi du 21 janvier soit rétablie! C'est vous qui êtes sourds à ce vœu, hommes de juillet, et c'est nous que vous accusez d'être des régicides au moral! (Mouvement prononcé.)

Ceci vidé, j'arrive à la lettre, lettre anonyme, lettre que l'on nous accuse d'avoir insérée sans garantie. Eh! bien, ce sont des détails que vous voulez, nous allons vous en donner; ce sont des noms, nous allons en citer.

M. Nouguier. Je n'ai pas demandé de noms : la loi m'interdit de rechercher l'auteur de la lettre ; et, me fût-il connu, je ne pourrais l'inquiéter : je ne connais que le gérant du journal.

M. Théodore Anne. Que M. l'avocat-général se rassure, je ne veux pas mettre en cause l'auteur de la lettre ; mais entendant plaider la cause de bonne foi, il faut bien, au moins, que je puisse expliquer à MM. les jurés sous quelle impression, sous l'empire de quelle idée la lettre a été imprimée. Voilà ce qui est arrivé. Les journaux avaient parlé d'un navire, le *Télemaque*, qui se perdit dans les vases de Quillebœuf, en 1792, et dans les flancs duquel on suppose que des valeurs avaient été enfouies par ordre du roi Louis XVI, pour être transportées en Angleterre. Eh! bien, un homme s'est trouvé là, qui a dit : « Les journaux sont dans l'erreur, et ce n'est pas si loin qu'il faut aller chercher les valeurs de 1792 : je sais, moi, où elles sont, je sais où on peut les trouver, et déjà j'ai été victime de ma confiance ; et cet homme nous a révélé les faits suivans. (Mouvement d'attention.)

« Après la révolution de juillet, j'avais remarqué dans certains endroits des Tuileries des signes particuliers, signes qui se répétaient identiquement et me paraissaient avoir un sens. A force de chercher dans ma mémoire, je me rappelai qu'on m'avait souvent dit que des valeurs considérables avaient été enfouies avant le 10 août, et je ne doutai pas que ces signes n'eussent été mis là pour indiquer plus tard où se trouvaient ces valeurs, probablement divisées en divers endroits par suite d'une prudente précaution. J'écrivis à M. de Montalivet qui me répondit pas. Je m'adressai à M. Viollet-Leduc, administrateur des Tuileries, qui m'écouta avec plus d'intérêt, parla de moi à M. de Montalivet, et me mit en rapport avec ce fonctionnaire. Bref, j'indiquai deux des endroits que je connaissais, mais je déclarai que je voulais être présent aux fouilles. M. de Montalivet me le promit positivement. Quel ne fut pas mon étonnement lorsque, quelques jours après, dans une nouvelle promenade, je vis que le terrain avait été fraîchement remué. Je réclamai. On me dit qu'on avait en effet fouillé, mais qu'on n'avait rien trouvé; et quand je demandai pourquoi on ne m'avait pas appelé, on éluda la question. Je fus à M. Viollet-Leduc, qui parut embarrassé et m'avoua qu'il n'avait pas été présent aux fouilles; mais il ressortait évidemment de cette déclaration qu'elles avaient été faites, faites en mon absence; que M. Viollet-Leduc en avait eu connaissance, mais qu'il n'y avait pas assisté. Je tentai de nouvelles demandes auprès de M. de Montalivet; elles restèrent sans réponse. Mon intention étant de poursuivre, je parlai de cette affaire à M. le marquis de Cordoue, qui est aujourd'hui pair de France ; il m'engagea à ne rien faire avant qu'il eût vu M. de Montalivet. Le lendemain, M. le marquis de Cordoue était à mon chevet, m'annonçant qu'il avait vu M. de Montalivet, et que l'intendant de la liste civile, telles étaient alors les fonctions de M. de Montalivet, allait m'écrire pour m'accorder une audience. En effet, je reçus dans la matinée audience pour le jour même, à quatre heures. C'était un dimanche, jour où les employés goûtent un peu de repos, et où l'on est moins exposé à être vu des indiscrets. M. de Montalivet me parla des nouvelles fouilles à faire ; je répondis en demandant un compte préalable des anciennes. Il me renouvela l'assurance qu'elles avaient été infructueuses, chercha à m'arracher mon secret, mais inutilement, et nous nous séparâmes non sans que j'emportasse la promesse qu'on s'occuperait de moi. Depuis, je n'ai entendu parler de rien. J'ai fait un voyage, et aujourd'hui voyant que l'attention publique se portait sur les souvenirs d'un temps éloigné de nous, j'ai résolu d'intenter une action à M. de Montalivet; car je veux avoir ma part de ce qui a été trouvé, et c'est pour donner l'éveil sur cette affaire que je vous ai adressé la lettre que vous avez insérée. Mon intention n'est pas d'assigner M. de Montalivet comme fonctionnaire, mais comme homme privé, et j'ai le projet de le citer devant le juge de paix du 1er arrondissement, attendu que comme propriétaire d'un hôtel rue Ville-l'Evêque, il est justiciable de cette juridiction. »

Un pareil récit pouvait sans doute exciter la défiance; mais cet homme ajouta qu'il avait remis le soin de sa défense à Me Jules Favre, et informations prises auprès de cet avocat, il se trouva que cela était. Nous savons en outre, toujours par le même homme, qu'il avait aussi chargé M. Dutilleul, avoué, de rédiger ses conclusions;

mais celui-ci, par des considérations que nous n'avons ni à incriminer ni à approuver, refusa d'aller plus loin. Il fallait cependant marcher, et l'adversaire de M. de Montalivet, avocat lui-même, établit ses prétentions, dressa son exploit, et le présenta à Me Garnier jeune, huissier, pour qu'il eût à le signifier; mais à la vue du nom redoutable de M. de Montalivet, celui-ci refusa d'aller plus loin sans l'autorisation de M. le président du tribunal de première instance. M. le président envoya l'huissier devant M. le procureur du roi, et hier, pas plus tard qu'hier, défense fut faite à l'huissier de signer la signification, attendu que, les faits étant même reconnus vrais, M. de Montalivet n'avait agi que comme fonctionnaire public, que dès-lors il ne pouvait être assigné comme particulier, et qu'il fallait l'autorisation du conseil-d'état.

Tels sont les faits, et certes, après un tel résumé, la question de bonne foi peut être admise ; car voilà un homme qui se plaint, et à quoi servent les journaux s'ils n'ouvrent pas leurs colonnes à des plaintes graves? voilà un homme qui demande compte des fouilles qu'ils a indiquées, et à qui en demande-t-il compte? A M. de Montalivet! Or, M. de Montalivet n'est pas un si haut personnage qu'il ne puisse répondre.

On nous objecte qu'au lieu d'émettre dans le préambule de la lettre cette idée que nous attendrions, pour ne pas croire aux faits révélés, que le ministère les eût démentis, nous eussions dû dire, au contraire, que nous attendrions pour y croire que le ministère ne les désavouât pas. Mais je répondrai à M. l'avocat-général que cela dépend de la confiance que l'on a dans le ministère; ainsi, il est permis, quand un pouvoir se trouve presque toujours pris en flagrant délit de mensonge, d'émettre quelques doutes. Dernièrement un témoin a paru devant un conseil de guerre, et là, après avoir solennellement juré de dire la vérité, il a articulé un fait que le ministère s'est hâté de démentir. Nous avons donc été placés entre la conscience d'un témoin et la parole d'un ministre; il y avait mensonge d'un côté ou de l'autre. Si le témoin a dit la vérité, pourquoi le ministre a-t-il nié? Si le témoin a menti, pourquoi n'a-t-il pas été sur-le-champ l'objet d'une disgrâce exemplaire, lui qui n'avait pas craint de tromper la justice, après avoir fait le serment de ne rien lui cacher, et de ne pas lui en imposer? (Mouvement. Le nom de M. Bugeaud et le mot de boudjoux circulent dans l'auditoire.) Voulez-vous la preuve du peu de confiance que méritent les assertions ministérielles? Eh! bien, monsieur l'avocat-général, vous savez aussi bien que moi que dernièrement nous avons été inquiets de la santé d'un général chargé d'un commandement important; au moment où il venait de lancer une belliqueuse proclama mation, le *Moniteur* nous apprend que sa santé s'est trouvée tout-à-coup altérée, au point que son commandement a dû lui être retiré. Le fait était grave : eh! bien! quelques jours après, les journaux de la localité nous ont appris que le pouvoir nous avait officiellement trompés, que le général n'avait pas été indisposé un seul moment, et qu'à la réception du *Moniteur* qui le déclarait malade, il avait été assez peu courtisan pour se mettre au lit sur-le-champ, faire appeler un médecin et trembler la fièvre (on rit); or, en présence de ces deux faits évidemment faux, devant ce mensonge du pouvoir.....

M. Nouguier. Je ne veux pas interrompre la défense, mais cependant je ne puis laisser parler ainsi du ministère, et si le défenseur continue à proférer encore une inculpation de mensonge, je serai obligé de requérir.

M. le Président. Puisqu'il y a interruption, je ferai observer à M. le défenseur que n'est point à M. l'avocat-général qu'il doit s'adresser, mais à messieurs les jurés.

M. Théodore Anne. Je profiterai de l'observation bienveillante de M. le président et je dirai à M. l'avocat-général que si le mot menti le blesse, j'émettrai la pensée que le pouvoir s'est *trompé* par deux fois : une fois sur la conscience d'un témoin, une fois sur la santé d'un général, et je reviens à la lettre et aux articles incriminés. Remarquez bien, messieurs les jurés, que M. l'avocat-général a presque déserté l'accusation, en accordant que les termes de cette lettre n'étaient point explicites. Pour lui donner un sens il faut faire sortir un nom de dessous chaque mot, de dessous chaque syllabe, et quel nom ? un nom qui ne se trouve nulle part indiqué, de sorte que ce n'est pas un procès ordinaire qu'on nous fait, un procès de faits, mais un procès de tendance (mouvement). Un procès de tendance, grand Dieu! un procès de tendance en 1833, après la révolution de juillet! Mais vous avez donc oublié que les procès de tendance ont été mis au nombre des griefs reprochés à la Restauration! et si vous avez fait un crime à la Restauration d'une erreur dans laquelle elle serait tombée, comment pouvez-vous suivre les mêmes erremens? Si l'on vous a mis à la place de la Restauration c'est pour faire mieux qu'elle, et si vous ne faites pas mieux qu'elle vous conviendrez que ce n'était pas la peine de la renverser pour vous donner sa succession. (Mouvement.)

Notre bonne foi est palpable! Et comment n'aurions-nous pas cru la lettre innocente quand elle vous a paru telle? La loi de septembre vous a donné un droit dont vous usez souvent : ce droit, c'est d'arrêter le numéro du journal au moment de sa promulgation : à la poste vous arrêtez l'envoi pour la province qui y est déposé : vous venez ensuite dans les bureaux du journal et vous y saisissez les numéros que vous y trouvez : le tout est mis sous le scellé et détruit s'il y a condamnation postérieure, ou rendu s'il y a acquittement. Vous avez fait cela vingt fois : pourquoi ne pas l'avoir fait pour l'article du 12 septembre? C'est que cet article vous a paru innocent, vous chercheriez vainement à le nier; il vous a paru innocent jusqu'au 4 octobre. Le second article, dites-vous, a réveillé votre susceptibilité. Pourquoi n'avez-vous pas agi le 4 octobre? Il vous a fallu l'article du 12 : soit. Mais alors pourquoi encore n'avoir pas poursuivi le 12? Il vous a fallu plus de huit jours de réflexion, même après le troisième article, car votre réquisitoire est du 20, pour lui trouver une allure coupable. Ainsi trente-huit jours se sont écoulés depuis l'origine de la culpabilité, sans que vous ayez bougé : il vous a fallu plus de cinq semaines pour rassembler vos idées : certes, on pensera que nous qui n'avons pas la perspicacité du parquet, nous avons dû trouver innocent tout de suite un article qu'il a mis trente-huit jours à trouver coupable. (Mouvement.) Et encore, malgré ce long laps de temps, on savait si peu ce que l'on voulait faire et où l'on allait, que le réquisitoire est fautif et que M. l'avocat-général a dû commencer sa plaidoierie par le rectifier. (Mouvement.)

Du premier article le délit d'offense ne ressort pas, car personne n'est désigné : le second n'offense également personne, car ce n'est pas une offense de dire qu'une cassette existe dans un couloir. Enfin dans le troisième, il n'y pas offense à dire, en admettant même que nous ayons parlé de Louis-Philippe et de sa sœur, qu'ils ont surveillé attentivement des travaux; autrement ce serait offenser tous les propriétaires, car lorsqu'on a des ouvriers chez soi on les surveille, ne fût-ce que pour en être débarrassé plutôt : et puisqu'il est dit que le hasard a fait découvrir la cassette, cela prouve qu'ils n'étaient pas là pour la saisir tout exprès au passage. Ces trois articles sont connexes, dit l'accusation ; et nous, nous répondrons qu'on fait erreur ; dans le premier, il est question de fouilles clandestines, dans le second de travaux surveillés en plein jour : évidemment ce sont deux faits différens. (Mouvement).

Et pourquoi n'aurions-nous pas parlé de cette cassette ? sa découverte n'est niée par personne, et dans son numéro du 13 octobre, la *Revue de Paris*, recueil ministériel, disait sous l'inspiration du pouvoir :

« Une seule circonstance a pu faire naître ces calomnies : une caisse contenant les clés du caveau de conduite pour l'eau des bassins, était déposée sous les voûtes, et elle fut transportée au château. L'imagination des écrivains légitimistes a fait le reste. »

Et le 13 octobre, le *Commerce*, feuille de

l'opposition, journal qu'on n'accusera pas, je pense, de partager les opinions de la *France* (on rit), disait à son tour :

« Il paraît que, décidément, tout n'est pas faux dans les révélations de la presse légitimiste sur l'affaire des diamans. Selon l'aveu que fait aujourd'hui le recueil, confident de la présidence du ministère, une caisse a été réellement *trouvée sous des voûtes, et transportée au château. Elle contenait les clés de conduite pour l'eau des bassins*. L'imagination des écrivans légitimes a fait le reste, ajoute la *Revue de Paris*. Nous le croyons sans peine, car cette caisse, ces clés, ces voûtes, vaguement jetées dans le recit, sont bien propres à exciter les imaginations portées vers l'extraordinaire. »

Ainsi, vous le voyez, de la presse ministérielle il sort l'aveu qu'une caisse a été trouvée, et de la presse de l'opposition, la sage observation que les circonstances qui entourent cette mystérieuse découverte sont tellement extraordinaires, qu'elles ont dû donner carrière à l'imagination.

Il y avait un moyen bien simple de finir ce débat. Si l'article du 12 septembre paraissait de nature à troubler les idées, il fallait le démentir en vertu des lois qui nous régissent. Ces lois nous imposent l'obligation d'insérer en tête du journal les rectifications officielles : ainsi, le 19 septembre, nous avons annoncé que M. Gisquet était entré la nuit aux Tuileries par une porte des cuisines, et qu'il avait eu une audience secrète de Louis-Philippe. Le lendemain, M. le préfet de police nous a fait signifier d'avoir à démentir cette assertion, qu'il a qualifiée de fausse, et nous l'avons fait en expliquant ce que nous croyions être vrai. Il fallait faire pour l'article du 12 septembre ce qu'on a fait pour l'article du 19. Mais c'est qu'on ne trouvait pas cet article coupable, pas plus que celui du 4 octobre, pas plus que celui du 12 octobre. On a préféré se réveiller le 20, et nous traduire en cour d'assises.

Il est inutile d'insister plus long-temps; la question de bonne foi ne peut pas être écartée. Nous avons signalé un fait grave, un fait relatif à un fonctionnaire; nous avons dit comment nous avions reçu la lettre, quelles étaient les prétentions de celui qui dénonçait le fait; ce n'est qu'à un fonctionnaire que nous avons fait allusion. Les deux autres articles que l'on cherche vainement à coudre au premier, pour l'expliquer autrement qu'il ne doit être entendu, ne contiennent aucune offense, et je ne doute pas, qu'appréciant les argumens de la défense, vous ne renvoyiez de l'accusation le gérant de la *France*. C'est mon plus vif désir, c'est ma plus intime conviction. (Mouvement d'approbation.)

M. LE PRÉSIDENT. M. le baron de Verteuil de Feuillas a-t-il quelque chose à ajouter à sa défense?

M. DE VERTEUIL DE FEUILLAS. Je m'en rapporte à la plaidoierie de mon défenseur, et à la défense de mon ami, M. Théodore Anne.

M. le président prononce la clôture des débats, et fait le résumé avec clarté et impartialité.

Le jury se retire dans la chambre des délibérations et après une heure d'attente, il rentre dans l'audience et rend un verdict en vertu duquel la cour condamne M. le baron de Verteuil de Feuillas à un an de prison et à 3,000 fr. d'amende, et ordonne la suppression des numéros contenant les articles poursuivis, et l'insertion, dans le mois, de l'arrêt de condamnation.

Cet arrêt a produit sur l'auditoire une pénible sensation. Les nombreux amis de M. de Verteuil l'ont aussitôt entouré, et lui ont manifesté, avec émotion l'intérêt dû à son dévouement.

Je remercie mes amis de l'intérêt qu'ils m'ont témoigné dans cette circonstance, mais aussi j'éprouve le regret de ne pouvoir les remercier de m'avoir détourné de la résolution que j'avais prise de présenter moi-même ma défense, non pas que je crusse à un acquittement, car, depuis 1830, la *France* est toujours sortie condamnée, mais jamais vaincue, des assisses de la Seine. Mais j'avais un poids sur le cœur; je sentais le besoin de me soulager; en un mot, je croyais avoir des vérités à jeter au gouvernement de juillet. J'étais accusé d'un fait, et la preuve de ce fait m'était interdite!!!.....

Vingt fois, pendant les débats, je me levai pour prendre la parole; mais j'étais retenu par mes amis qui craignaient un langage trop vendéen, et, le lendemain de ma condamnation, mes amis, collaborateurs de la *France*, me remerciaient en ces termes d'avoir cédé à leurs instances.

« Nous avons succombé, mais notre courage ne succombera pas, et nous avons la conscience que notre attitude a été digne et jugée telle.

« La *France*, au lieu de se plaindre, veut remplir sur-le-champ un devoir qui lui est doux, celui de la reconnaissance.

« Honneur donc à la ferme constance de notre gérant, le baron de Verteuil de Feuillas, honneur plus grand encore à son courageux silence !

« Il faut connaître son caractère pour comprendre tout ce qu'il lui en a coûté pour sacrifier à l'intérêt du journal les dangereux élans de son âme.

. . . .
. . . .

« Il avait désiré présenter lui-même sa défense, mais ses nombreux amis l'ont conjuré de confier à des voix amies des intérêts pour lesquels on craignait un langage trop vendéen. »

Huit mois après, le 17 janvier 1839, je me constituai à Sainte-Pélagie pour y commencer l'année de prison, fruit de ma dernière rencontre avec *la justice du pays*.

CHAPITRE PREMIER.

Mon entrée à Sainte-Pélagie. — Ma chambre. — Statistique de Sainte-Pélagie. — Abus. — Nourriture des prisonniers. — La cantine. — Les commissionnaires.

> *Uno avulso non deficit alter.*
> VIRGILE.)
> Quand l'un manque, il est aussitôt remplacé.

Ce fut sur les dix heures du matin que je fis mon entrée à Sainte-Pélagie, où se trouvait le comte de Perdreauville, gérant de l'*Europe*. C'est lui qui me fit les honneurs de la prison. Ayant été prévenu que je devais arriver le 17, il avait eu l'obligeance de me faire préparer une chambre dans le corridor Saint-Louis du bâtiment appelé la *Détention*. Deux cellules nous séparaient pendant la nuit, mais le jour nous nous réunissions, et je ne saurais trop me féliciter d'avoir été à même de cultiver sa connaissance. Une heure après mon arrivée, nous déjeûnions dans la cellule de huit pieds carrés qu'occupait M. de Perdreauville et où il avait réuni les royalistes qui se trouvaient alors à Ste-Pélagie. Le déjeûner fut assez gai, et grâce au petit vin de Chablis, nous pûmes oublier un instant le grincement lugubre des verroux, et quand vint le verre de liqueur, nous portâmes un toast à Goritz, puis une pensée au vieux roi mort dans l'exil.

Après déjeûner, on m'installa dans la chambre que je devais occuper pendant *trois cent soixante-cinq jours.* J'y trouvai pour tout ameublement un bois de lit peint en gris, une table et une chaise. Une fenêtre garnie de six barreaux en fer offrait un passage aux rayons du soleil; en face était une porte de quatre pouces d'épaisseur, renforcée de deux larges bandes en fer, garnie d'un énorme verroux et percée d'une ouverture grillée de quatre pouces carrés. Pour être historien fidèle, je dois dire que ma chambre était un peu plus grande que les autres et qu'elle était parquetée. Car dans les jours d'anarchie, un hôte illustre l'habita, Joséphine de Beauharnais, qui plus tard devait porter la couronne impériale.

Sainte-Pélagie était avant la révolution une communauté religieuse : en 1664, Marie Bonneau, veuve du sieur Beauharnais, conseiller au parlement, avait réuni six ou sept filles débauchées dans une maison particulière du faubourg Saint-Antoine : plus tard elle voulut donner de l'extension au plan qu'elle s'était formé, en fondant une maison publique de détention pour les femmes debauchées. Elle fut secondée dans ce projet par quelques dames pieuses : elle reçut des sommes assez considérables pour mettre son projet à exécution. Louis XIV, en 1665, donna deux lettres-patentes tendant à établir un lieu de refuge, dans les bâtimens de la maison dite de la Pitié (Sainte-Pélagie).

La veuve de Miramion établit plus tard dans la même maison, mais dans un corps de bâtiment séparé, des femmes qui, fatiguées du libertinage, consentirent à faire le sacrifice de leurs habitudes vicieuses pour une existence paisible. C'est ce second établissement qui reçut le nom de Sainte-Pélagie. Plus tard, le nombre de ces filles s'étant considérablement augmenté, elles furent transférées au faubourg Saint-Germain, dans la communauté des Filles de la Mère de Dieu. Elles n'y restèrent que peu de temps, car l'établissement de Sainte-Pélagie ayant été confirmé par lettres-patentes de 1691, elles y furent transférées. Quelquefois la police y fit enfermer des femmes coupables de délits étrangers au libertinage.

C'est depuis la révolution de 89 que cette maison est devenue prison publique. Sous l'Empire, Ste-Pélagie était la maison où l'on mettait les jeunes gens détenus par l'autorité paternelle, les débiteurs, et les prévenus en matière politique.

Cette prison a servi, depuis, de maison de correction pour les jeunes détenus, qui, actuellement sont renfermés dans la maison modèle de la Roquette.

Aujourd'hui, Sainte-Pélagie est spécialement consacrée aux détenus politiques, condamnés à moins d'un an de détention, et aux délits de presse ; on met aussi à Ste-Pélagie des prévenus, principalement pour affaires de commerce, des adultères, et enfin des condamnés à une année de prison et au dessous. Cependant on y voit aussi quelques détenus frappés de condamnations de deux, trois, quatre, et même cinq années.

Cette faveur est accordée à ceux qu'un égarement a conduits trop loin, mais qui, plus tard, après l'expiation de leur peine, sont encore susceptibles d'occuper un rang dans la société. Les condamnés pour affaires de commerce obtiennent assez facilement cette faveur. Le prisonnier alors est tenu de verser 54 fr. par trimestre à la Préfecture de police.

La maison de Sainte-Pélagie se divise en trois corps de bâtimens : l'un au Nord, la Dette, au milieu, la Détention, et, enfin, le bâtiment neuf, situé au Midi : entre ces bâtimens se trouvent deux cours, dont l'une, située entre la Dette et la Détention, est séparée en deux parties par l'ancienne chapelle; celle qui appartient à la Détention est ombragée pendant la belle saison par une vingtaine d'arbres à demi morts. La cour qui est située entre la Détention et le bâtiment neuf est très propre et nouvellement pavée. Les détenus qui occupent le bâtiment neuf ont seuls le droit de s'y promener; cependant, un permis du directeur suffit pour autoriser les autres détenus à s'y promener de huit à dix heures du matin, de cinq à sept heures du soir. Autour de la prison est établi un double chemin de ronde, et sur les toits, une terrasse de quatre à cinq pieds de large avec trois guérites, où se tiennent, nuit et jour, les factionnaires.

Le corps de bâtiment appelé la Dette, est disposé pour contenir à peu près cent détenus; cependant il y en a quelquefois cent vingt, et même cent cinquante. Il consiste en trois étages, composés chacun d'un corridor étroit et d'un rang de cellules. Aucune des chambres n'a de cheminée. Il règne pendant l'hiver un froid glacial dans celles qui sont exposées au Nord, tandis que dans celles qui se trouvent au Midi, la chaleur devient insupportable pendant l'été. La plupart de ces chambres, qui ne peurent contenir que trois personnes, en renferment quelquefois cinq à six, et la malpropreté y est partout révoltante. Ces malheureux n'ont pour se promener qu'un couloir de quatre à cinq pieds de large, et un préau qui a à peine trente pieds carrés.

Auprès du batiment de la dette on a construit une chapelle, dont le projet fut approuvé le 7 août 1816; elle n'était pas encore entièrement terminée à la révolution de juillet, de funeste mémoire. Depuis, cette chapelle a été convertie en magasin.

Le batiment de la Détention est composé de trois étages, comme le précédent, non compris un quatrième, pratiqué à l'Ouest, dans les mansardes. Les chambres en sont plus petites et n'ont que huit pieds carrés, et sont au nombre de dix-huit par corridor, neuf de chaque côté. Cependant les cellules qui se trouvent aux extrémités des corridors sont plus grandes et contiennent deux lits. Celles qui donnent sur la cour du devant sont préférées, parce qu'elles donnent au midi.

Le batiment de la Dette et celui de la Détention sont réunis par deux autres bâtimens, dont l'un est appelé la Préfecture; c'est dans l'autre que se trouve le corridor rouge, autrefois destiné aux politiques et aux délits de presse.

Le bâtiment neuf est construit au dessus de la porte d'entrée, et se termine à chaque extrémité par un pavillon à quatre étages. Au rez-de-chaussée se trouvent, au milieu le guichet d'entrée, à droite le greffe et le cabinet du directeur, à gauche le parloir des avocats; vient ensuite le parloir grillé et une salle de bains. A l'entresol, on a placé le logement du directeur et celui du greffier. Au premier étage, une vaste galerie divisée en trois salles, servant d'infirmerie; au second, une semblable galerie, anciennement occupée par les détenus affectés d'une maladie de peau très commune dans les prisons; on a distribué récemment cette vaste pièce en chambres de huit à dix lits chaque, pour les conducteurs, les boulangers, les épiciers qui ont de vingt-quatre heures à quinze jours de prison à faire, soit pour accidens occasionés par les premiers, soit pour ces tromperies que les derniers se permettent si souvent envers leurs pratiques, et que la justice ne punit pas encore assez sévèrement.

Le pavillon de l'Ouest jouit d'un privilège exclusif, celui de permettre aux visiteurs, hommes ou femmes, d'y pénétrer. En effet, les détenus qui occupent les six chambres qui le composent ont la facilité de recevoir leurs visites chez eux, tandis que pour tout le reste de la maison, on ne peut se voir qu'aux parloirs.

Ce pavillon, dans l'origine, était destiné aux condamnés pour délits de presse, aux journalistes, en un mot. Mais depuis l'amnistie de 1837, ce corps de logis s'est trouvé subitement veuf de ses hôtes habituels. Les chambres ont été accordées aux protégés de M. Delessert, et ceux qui les occupent maintenant sont presque tous des condamnés à cinq ans. J'en excepterai pourtant un républicain, condamné dans une affaire de poudres, et qui doit à une grave maladie d'avoir été admis au pavillon de faveur. Le gérant de la *Mode* n'a pu obtenir ce droit, qui lui appartenait, qu'après onze mois de séjour à la Détention.

Voilà pour la statistique de Sainte-Pélagie. Passons maintenant aux prisonniers.

Les détenus sont divisés en deux catégories : les uns qui sont exempts de travail, ce sont les journalistes et les prévenus, et les autres qui sont forcés de travailler aux différens ateliers établis dans la maison, moyennant un salaire, dont le tiers seulement leur est compté toutes les semaines; l'autre tiers est prélevé par l'administration, et le troisième est mis en réserve pour former une masse qui n'est remise au détenu que le jour de sa sortie. Cette mesure est louable.

Il y a à Sainte-Pélagie quatre ateliers : celui des *tailleurs*, celui des *chaussonniers*, celui des *ressemeleurs*, enfin un dernier où l'on confectionne des *cabas*. A la tête de chaque atelier se trouve un contre-maître détenu, qui se trouve en rapport direct avec le confectionnaire. Un ouvrier, terme moyen, peut gagner *quarante-cinq sous* par quinzaine ; sur cette somme, l'administration retient quinze sous, et quinze sous restent à la *masse*. L'ouvrier ne reçoit par conséquent qu'un tiers de son labeur, ce qui fait *cinq centimes* par jour, et pour cela, le malheureux prisonnier travaille depuis sept heures du matin jusqu'à sept heures du soir : douze heures par jour !

Dans l'intérêt de ces infortunés, il est un abus que je crois devoir signaler :

la législation qui régit les prisons veut que, lorsqu'un condamné a fini sa peine, la masse qu'il est parvenu à se faire lui soit remise intégralement. Mais, en cas de mort, il arrive que cette somme, ramassée par le malheureux à force de travail, n'est pas toujours remise entre les mains de ses héritiers, à cause des nombreuses formalités qu'on exige d'eux à la préfecture de police, pour justifier de leurs droits, et c'est ce qui explique comment il se trouve maintenant à la préfecture de police une somme de 600,000 francs, provenant de la masse des détenus morts dans les prisons. On se demande ce qu'on fera de cette somme. Le problême est facile à résoudre : puisque cette somme provient des prisonniers pourquoi ne pas la faire tourner au profit d'autres prisonniers?

Pendant l'hiver, les prisonniers qui occupent la Pistole sont forcés de se morfondre de froid, s'ils n'ont pas les moyens de se procurer du bois. Pourquoi n'établirait-on pas des calorifères dans les bâtimens occupés par les pistoliers ?

A sa sortie, le prisonnier reçoit le produit de sa masse, cependant on ne lui tient pas compte des intérêts.

Pourquoi ne placerait-on pas cet argent à la caisse d'épargnes ? ce serait du moins dans l'intérêt du prisonnier. Mais non, on aime mieux bénéficier sur le salaire d'un malheureux. Car ces sommes ne dorment pas pendant quatre et cinq ans; elles doivent être placées. Que deviennent alors les intérêts?

Autre abus : il existe dans les ateliers certains banquiers qui, avec un modeste capital, voient leurs valeurs doubler chaque mois. On les appelle *carcagneaux*; j'ignore l'étimologie de cet ignoble mot. Il n'agissent point dans l'ombre, c'est au grand jour qu'ils sèment, c'est aussi au grand jour qu'ils récoltent. Ils achètent à 35 p. 0/0 par semaine l'ouvrage fait et même celui à faire; ils prêtent, quand c'est affaire d'argent, seize sous pour vingt sous qu'ils reçoivent à la fin de la semaine : ce ne sont pas des chiffres inventés à plaisir. Et combien y a-t-il de ces malheureux qui, pour se procurer un verre de vin, vont vendre à un tiers de perte le travail d'une semaine! Pourquoi l'administration des prisons ne fait-elle pas cesser cette révoltante usure qui pèse sur le malheureux prisonnier? Pourquoi ne pas punir sévèrement ces horribles *carcagneaux*? En cas de récidive ne devrait-on pas les isoler? Oui, certainement l'administration pourrait faire cesser ces scandaleux abus. Mais n'en donne-t-elle pas elle-même l'exemple, en retenant le tiers du travail du pauvre détenu, en s'appropriant l'intérêt de sa masse?

Jetons maintenant un coup-d'œil sur la nourriture des prisonniers. Voyons ce que l'administration fait pour les empêcher de mourir de faim.

Chaque prisonnier reçoit, par jour, une livre et demie de pain noir, ou une livre de pain blanc à son choix : tous les jours de la semaine, vers dix heures, deux marmites en cuivre sont apportées, les jours de travail dans les ateliers, les jours de fête dans la cour, et chacun vient présenter sa gamelle pour recevoir un demi-litre d'un mauvais bouillon, fait avec quelques feuilles de choux et assaisonné d'une livre de graisse par cent hommes; le jeudi et le dimanche, c'est le bouillon *gras*, c'est-à-dire qu'il est fait avec de la viande, mais si chétive, qu'il faudrait, pour me servir de l'expression pittoresque des détenus, *un fameux maître d'armes pour lui crever un œil*. Voilà pour le déjeuner.

Le soir apparaissent encore les mêmes marmites : ce sont alors des légumes qu'elles apportent aux prisonniers; ce sont des haricots, des lentilles, des pois, du riz, des pommes-de-terre. Généralement les détenus ne se plaignent pas trop des haricots et du riz, sous le rapport de la qualité, mais pour la quantité, c'est autre chose! rien n'est dégoûtant comme les lentilles, dans lesquelles on trouve toutes sortes de saletés, voire même nombre de crottes de souris. Le jeudi et le dimanche, un morceau de viande, de la plus mauvaise qualité possible, remplace les légumes (1). Afin de pouvoir tailler plus facilement les portions, le chef a l'habitude de plonger son bœuf dans l'eau froide, immédiatement après l'avoir retiré de la marmite, ce qui le rend dur comme un morceau de vieux cuir. Si vous ajoutez à cela l'eau vaseuse de la Sei-

(1) Le prisonnier américain a seize onces de viande par jour, et le prisonnier français n'en a que cinq onces par semaine; c'est-à-dire que le premier mange cent douze onces de viande et le second seulement cinq, ce qui donne le rapport de vingt deux à un.

ne, dont chacun, par une faveur spéciale, et pour faciliter la digestion, peut user à discrétion, vous aurez la carte exacte des repas de la plupart des détenus de Sainte-Pélagie. La distribution pour les pistoliers, se fait une heure plus tard et dans les corridors.

A neuf heures le matin et à cinq heures le soir, la cantine est ouverte. On peut s'y procurer du vin à cinquante-six centimes le litre, qui certainement ne portera pas à la tête, car M. Bertin, qui n'est pas très généreux, ne veut pas non plus que son vin le soit. Avant 1830, le vin ne se payait dans les prisons que quarante-cinq centimes, parce que les prisons, de même que les hospices, étaient exempts des droits d'entrée; aujourd'hui, les hospices seuls ont conservé ce privilége.

On trouve aussi à la cantine du beurre, du fromage, du tabac, du café, quelquefois la soupe et le bœuf et de temps à autre un mauvais ragoût de veau ou de mouton.

Les prisonniers occupés aux travaux des ateliers sont désignés sous le nom de *gor-peurs*; ils sont habillés par l'administration et couchent dans des chambres plus ou moins grandes, au nombre de deux, trois, quatre, cinq, six et quelquefois dix; ils sortent le matin à l'ouverture des ateliers et ne peuvent y rentrer que le soir pour se coucher. Les dimanches et les jours de fêtes les ateliers sont fermés. Alors on voit les détenus étendus et couchés sur la terre, dans la belle saison, ou retirés dans une grande pièce appelée *chauffoir*, lorsque le temps ne leur permet pas de rester dehors.

Si nous montons un échelon plus haut, nous arrivons aux *pistoliers*, que nous diviserons en deux classes : ceux qui ont peu ou pas de ressources, et enfin ceux qu'une certaine position sociale met à même de ne se rien refuser, ou au moins de se procurer le grand nécessaire : ce sont les aristocrates de Sainte-Pélagie ; car, quoiqu'on en dise, l'aristocratie règne partout. Parmi les premiers, il en est qui ne pouvant réunir que trente sous par semaine pour leur pistole, sont obligés de prendre les vivres de la maison et de travailler dans leurs chambres pour les ateliers, n'ayant pas le moyen de payer quinze francs par mois pour ne pas être assujétis au travail. Je parle des condamnés seulement, car les prévenus ne sont pas tenus de travailler.

D'autres, un peu plus aisés, paient la rétribution du travail et ajoutent aux vivres de la maison quelques provisions qu'ils font venir du dehors et qu'ils préparent eux-mêmes. C'est ainsi que sur les quatre heures du soir, on voit dans chaque corridor une foule de réchauds dont le fumet n'est pas très-agréable, surtout lors qu'il provient de la graisse d'un biffteak ou de cotelettes de mouton ; assez souvent ce sont des sardines et des harengs qui ne flattent pas plus agréablement l'odorat.

Enfin, dans la seconde catégorie se trouvent placées, comme je l'ai déjà dit, les personnes qui ont quelques ressources pécuniaires. On les reconnaît facilement à leur tenue; et si vous entrez dans leur cellule pendant la froide saison, vous les trouverez auprès d'un bon poêle, un livre à la main, savourant avec délices un cigare de la Havane, ou bien une cigarette espagnole. Ces messieurs ont leur table d'hôte, s'ils ne se font servir chez Mme Engrain, le Véfour du quartier. Après le dîner, ils prennent le café et ensuite le petit verre de Cognac, si toutefois ils ont été assez heureux pour l'escamoter à la vigilance des Cerbères de Sainte-Pélagie. Quelquefois cette petite cellule de huit pieds carrés se trouve transformée en un véritable boudoir : parquet, plafond, tapisserie, rideaux aux fenêtres et au lit, tapis de pied, voire même une glace, une bibliothèque et des tableaux ; tout cela vient distraire des ennuis de la captivitéet réjouir la vue. Si ce n'est là liberté, il ne manque rien à ces détenus. Je me trompe, car le prisonnier est naturellement sensible ; il a besoin d'entendre une de ces douces voix qui savent si bien consoler. Qu'il paierait cher un de ces tendres regards qui vont jusqu'au cœur et qui en accélèrent si rapidement les mouvemens! Heureux alors le captif dont le cœur glacé par le froid des ans ne se laisse plus impressionner par un souvenir..... Pour lui, la prison n'est pas toujours une peine, c'est plutôt une réclusion monastique.

Par exemple, j'ai vu un détenu se désoler quand on vint lui annoncer qu'il était libre. C'était un vieux colonel de l'Empire que le temps avait doté d'une blanche chevelure, qui devait ses reflets argentés aux quatre-vingts hivers qu'elle avait traversés. Une trentaine de tableaux de famille décoraient sa chambre, ainsi qu'une bibliothèque renfermant une centaine de volumes édités dans les dix-septième et dix-huitième siècles. Un jour que j'avais besoin de consulter une biographie contemporaine, je demandai au colonel s'il en avait une. — Oui, me répondit-il, je vais vous la donner; et un instant après il m'apportait une biographie qui effectivement était accompagnée de l'épithète de *contemporaine*; seulement elle était du seizième siècle. Je ne pus m'empêcher de partir d'un éclat de rire. Peu s'en fallut que le colonel ne se fâchât; car ayant servi la France sous Louis XV, sous Louis XVI, la République et l'Empire, il vivait tout entier dans le passé et pas du tout dans le présent. Homme de lettres et collaborateur de Barré, Radet et Desfontaines, les airs les plus nouveaux qu'il fredonnait étaient de Jean-Jacques Rousseau ou du Vaudeville de *Fanchon la Vielleuse*. Quoi qu'il en soit, ce jour-là je parvins à le calmer en lui montrant un flacon d'eau-de-vie dont il était très friand, et qu'il ne lui était pas permis de se procurer. Alors je vis s'épanouir sur sa physionomie l'expression de la joie la plus complète; son regard s'anima, un sourire erra sur ses lèvres: — Petit farceur! me dit-il en tendant son verre. Je le lui remplis deux fois.

Il aimait à écrire et composait un volume tous les quinze jours, le reliait lui-même et le mettait dans sa bibliothèque à la suite du dernier. Il avait à peu près cinquante à soixante volumes de sa façon et il était convaincu que la vente de ses manuscrits qu'il ne veut pas faire imprimer de son vivant doit faire la fortune de ses héritiers. Quelle douleur pour le bon colonel, s'il apprenait, dans l'autre monde, que ses héritiers ont renoncé à sa succession.

Cet exemple n'est pas le seul qu'on puisse citer : on voit maintenant à Sainte-Pélagie, dans les salles de l'infirmerie, un vieillard qui a déjà fait, dit-on, près de quarante ans de prison, et qui n'est pas plutôt en liberté qu'il va mendier sur une place publique ou à la porte d'une église pour se faire arrêter par la police et s'entendre quelque jours après condamner à deux ou trois mois de prison pour vagabondage. C'est avec un plaisir indicible qu'il voit s'ouvrir devant lui les portes de Sainte-Pélagie. Le lendemain il se fait mettre à l'infirmerie, où il passe ordinairement le temps de sa condamnation. Comme généralement les extrêmes se rapprochent, on voit le vieillard passer une partie de la journée à causer, par la fenêtre de l'infirmerie, avec la petite fille du cantinier qui n'a que quatre ou cinq ans, et qui est bien la plus drôle et la plus spirituelle enfant qu'il soit possible d'imaginer. Le vieux bonhomme imite parfaitement le bavardage du perroquet. Que de fois je me suis mis à la fenêtre pour écouter leur conversation.

Il me reste maintenant, pour terminer ce chapitre, à dire un mot sur les commissionnaires, ces vampires de Sainte-Pélagie. Ils sont au nombre de quatre : les réglemens de la maison leur accordent cinq centimes par franc sur les commissions qu'ils font au dehors. N'aurait-on besoin que d'une botte de radis d'un sou, il faut donner cinq centimes de commission. Jusque-là, je n'ai rien à leur reprocher, mais arrivons aux faits.

Si vous demandez un pain de deux ou de quatre livres, vous êtes certain de ne pas être trompé, car tout le monde en connaît le prix et il ne serait pas facile de faire passer un pain de deux livres pour un de quatre. A cet égard leur fidélité n'est jamais en défaut : mais s'agit-il de viande, de café, de sucre, et d'une foule de comestibles, dont le prix varie suivant la qualité, oh! alors, c'est là que se développe toute leur industrie : on trouve, par exemple, dans les environs de Sainte-Pélagie, de la viande, depuis huit jusqu'à quatorze sous la livre ; ne demandez jamais aux commissionnaires de la viande à quatorze sous, car il n'en est jamais entré à Sainte-Pélagie : c'est toujours de la viande à douze, et souvent à dix, qu'ils vous apportent. Trouvez-vous heureux encore s'il ne manque qu'un quart au poids que vous avez demandé. Il en est de même du sucre, dont le prix varie de seize à vingt-deux sous. Ne vous avisez pas non plus d'envoyer un commissionnaire au Palais-Royal, prendre chez Corcelet une livre de moka ; vous auriez le double désagrément de payer trois francs pour le café, plus vingt sous de commission et de n'avoir que du moka de la rue de la Clé, à quarante sous la livre.

Il se passe peu de jours sans qu'un détenu fasse appeler au greffe un de ces commissionnaires, afin qu'il ait à s'expliquer sur un abus de confiance. Quelque fondée que soit la plainte du détenu, on trouve toujours le moyen de terminer le différent en faveur du commissionnaire. Je me rappelle qu'un jour un détenu avait demandé une demi-livre de tabac. Le commissionnaire lui en apporta qui était moisi ; je l'ai vu : il était facile de s'apercevoir, à sa couleur et à son odeur, qu'il ne provenait pas de la régie : d'où venait-il ? je l'ignore, toujours est-il que le détenu porta plainte et qu'il fut con-condamné à garder le tabac tel qu'il était.

Tout récemment encore, un détenu ayant quelques inquiétudes au sujet de sa femme, qui n'était pas venue le voir depuis plusieurs jours, donna un franc à l'un des commissionnaires, à la condition d'aller de suite chez lui pour lui rapporter des nouvelles de sa femme et lui rendre réponse avant quatre heures. Il était une heure quand la commission fut donnée : cependant la soirée, la nuit se passent et le détenu ne sait encore rien. Inquiet, il descend au guichet de l'ouverture; il trouve son commissionnaire, qui lui dit qu'il n'a pas eu le temps d'aller chez lui avant six heures et demie du soir. « Cependant je vous avais payé pour y aller desuite, répond le détenu, et vous en étiez convenu, d'ailleurs les réglemens vous y obligent; je vous ferai appeler devant le directeur, et nous verrons si vous êtes dans votre droit.» Le détenu fit ce qu'il avait dit, et le directeur, après avoir entendu les parties, ordonna au commissionnaire de remettre cinquante centimes au détenu, qui les abandonna au garçon de parloir.

Eh! bien, moi, je crois que le directeur eût mieux compris son devoir s'il eût fait restituer la somme entière, et s'il eût, en outre, suspendu de son service pendant quinze jours le négligent commissionnaire : c'eût été pour lui une leçon qui eût profité aux détenus.

II.

Le parloir du greffe. — Les fouilles. — Le lapin. — Physionomie du parloir. — Le parloir grillé. — Sa physionomie.

> Dès qu'une larme coule, il y a une main de femme pour l'essuyer.
> (Walter-Scott.)

> De la loge des singes du Jardin des Plantes au parloir de Sainte-Pélagie il n'y a qu'un pas.
> (Anonyme.)

Il y a deux sortes de parloir : d'abord, le parloir du greffe : c'est une chambre de quatorze pieds carrés environ. Là, on peut offrir à ses visiteurs, si ce n'est une chaise, du moins une place sur un banc. N'allez pas croire que ce sont des bancs élastiques comme ceux qui garnissent l'intérieur de quelques *omnibus*, ou même garnis de crin ou de paille, comme les bancs où s'asseoient à certains théâtres les habitués du parterre ; vous vous tromperiez encore ; c'est tout simplement une longue planche à demi rabotée et soutenue par deux pieds. Dans une encognure, près de la porte, est une petite table servant de bureau au gardien chargé de la surveillance du parloir et d'inscrire sur un registre *ad hoc* les noms des visiteurs et des visités. Le lendemain cette liste est envoyé à la préfecture.

Il est extrêmement difficile d'obtenir un permis d'une fois par semaine pour ce parloir. Je dis cela en général, car tout dépend un peu des protections et plus encore des postulans. A vous qui avez des parens, des amis à Sainte-Pélagie, si vous n'êtes appuyés par aucun des *grands hommes* qui ont accès près de M. Parisot (je dis M. Parisot, car c'est lui qui est le dispensateur des cartes d'entrée) estimez-vous heureux si, après avoir usé une demi-main de papier, vous parvenez au bout de trois mois de démarches à obtenir une permission pour voir au parloir du greffe votre parent ou votre ami, seulement une fois par semaine : mais consolez-vous, car, en attendant, le parloir grillé que nous appelons le parloir *des ours*, vous sera ouvert deux fois par semaine; et c'est quelque chose de curieux que le parloir *des ours* : nous allons y passer dans un instant. Tandis que nous sommes au parloir du greffe, exploitons-le.

O vous, qui avez sous les verroux de Ste-Pélagie un frère, un époux, un *ami* même, et cela peut-être n'est pas rare, si vous êtes assez heureuses pour joindre à votre demande les charmes d'une jolie figure, le parloir vous sera ouvert un fois par semaine, et même deux fois, si vous y mettez un peu d'adresse ; car c'est une remarque que j'ai faite bien souvent, on ne voit généralement que de jolies femmes au parloir. Je profite de l'occasion pour en remercier M. Parisot, au nom des détenus de Sainte-Pélagie. Est-il en effet rien de plus consolant pour un malheureux prisonnier que la vue d'une jolie femme, de cette portion de l'espèce humaine qui sait si bien compâtir aux souffrances de l'autre.

Lorsque vous avez obtenu deux permissions par semaine, voulez-vous que cette permission devienne quotidienne? je vais vous dire ce qu'il faut faire; écoutez-moi bien : Quand vous entrez au parloir, vous remettez votre carte au surveillant ; c'est un personnage qui fait l'important : il est grand, gros, gras, et peut-être quelque chose de plus. On l'a entendu plus d'une fois dire, en prenant le ton doctoral d'un magister qui régente des écoliers : « Parlez plus bas, car je mettrai à *la porte* ceux qui se permettront le moindre bruit. » A son extrême *politesse,* cet homme joint une grande sensibilité pour certaines prévenances; il est aussi, soit dit en passant, grand amateur du beau sexe. En reprenant votre carte à la sortie, glissez-lui mystérieusement une de ces prévenances dont je viens de parler; le lendemain vous reviendrez à Sainte-Pélagie; on vous enverra au parloir *des ours.* Mais en traversant le couloir sur lequel donne la porte du greffe, vous présenterez votre carte au surveillant; il vous dira « Ce n'est pas ici que vous devez aller. » Puis après un moment de réflexion : « Entrez, vous dira-t-il, mais ne dites rien à personne. » Vous entrez, vous allez prendre place sur le siége banal, vous le trouvez aussi dur que de coutume; mais patience, vous n'y resterez pas longtemps; il vous revient un *boni* sur votre prévenance de la veille; en même temps, vous voyez votre homme s'agiter, jeter un coupt d'œil rapide sur tous les coins du parloir. Il ne trouve pas ce qu'il cherche; il sort : bientôt il rentre porteur d'une chaise, qu'il vous offre galamment; vous la prenez, il vient s'asseoir auprès de vous, puis il entame la conversation : il faut qu'il sache quelle est la personne que vous venez voir : est-ce un père, un époux, un *ami*? Tôt ou tard il le saura, quelque soit votre réserve. S'il apprend que c'est un ami, il redouble de soins pour vous, il se pose en rival; ce n'est pas, il est vrai, un rival redoutable, mais il a une grande confiance en ses qualités physiques, et ne croit pas que l'on puisse rejeter ses offres. Convaincu de cela, s'il n'a pu vous attendrir dans le parloir, attendez-vous à le voir se présenter un jour chez vous. D'abord il s'introduira sous un prétexte quelconque, puis il ne tardera pas à vous peindre sa flamme; il s'évertuera à vous prouver qu'une jeune et jolie femme comme vous ne doit pas porter ses soupirs au-delà des barreaux d'une prison ; il ajoutera qu'il vous adore, qu'il serait trop heureux de passer sa vie à vos pieds ; il vous débitera mille fadaises de ce genre ; si, comme je n'en doute pas, vous résistez à la séduction, il vous dira, comme à certaine dame qui avait repoussé ses prétentions. Vous êtes bien difficile, toutes ces dames que vous voyez journellement au parloir ne sont pas aussi sévères que vous.

La jeune femme n'a pas jugé à propos de faire un secret de ce tête à tête. L'*ami* a pris la chose du bon côté ; il en a beaucoup ri et en a fait part à ses amis qui s'en sont amusés. Depuis ce temps, l'aventure a plus d'une fois fait le sujet des conversations du parloir.

Jetons maintenant un coup d'œil sur les désagrémens que doit essuyer le détenu avant d'arriver au parloir. D'abord lorsque le visitant se présente au greffe, un gardien sonne une petite cloche, un autre gardien de service au bâtiment de la Détention se présente. Le premier lui crie le nom du prisonnier demandé ; le garçon de parloir (que les détenus nomment *aboyeur*) est averti ; du bas de l'escalier il crie deux fois de toute la force de ses poumons : M. Bernard, allons, M. Bernard. — Si tout cela se faisait aussi promptement que je viens de l'exprimer, ce serait bien, mais il arrivre souvent, soit que cela dépende de la négligence du gardien du greffe, de celui de la Détention, ou enfin de *l'aboyeur*, il arrive quelquefois, dis-je, que l'on n'est averti qu'une demi-heure après l'arrivée du visitant ; ce qui est loin d'amuser ce dernier qui est obligé de passer ce temps sur les bancs du parloir, et qu'a son isolement on serait tenté de prendre pour un espion de police, ou pour un de ces avocats *marrons* qui viennent quêter une affaire en police correctionnelle. On le regarde de coté ; on semble se méfier de lui. Tandis qu'il peste et maugrée, passons au guichet de la Détention, nous y verrons le détenu qui se trouve encore retardé par la minutieuse visite à laquelle il est assujetti, par l'ordre et la suprême prévoyance de la préfecture de police. C'est encore une épreuve à laquelle le détenu ne peut échapper. Qui sait en effet ce qui pourrait se fabriquer à Sainte-Pélagie. Peut-être une conspiration ; car en prison, on a le temps de méditer, et le bruit des voitures, le brouhaha de la ville ne viennent point étourdir le cerveau et troubler les habiles combinaisons du conspirateur. C'est ce qui fait, je présume, qu'un prisonnier ne peut écrire au dehors, sans que ses lettres passent par la préfecture, où elles sont décachetées, lues et mises à la poste si on y pense, et si toutefois la police n'y voit pas d'inconvénient.

Ce qui se passe au guichet, au sujet des

fouilles me rappelle une anecdote assez plaisante qui eut lieu vers le mois de juin. La femme d'un prévenu ayant voulu surprendre son mari, lui avait apporté dans son cabas un joli petit lapin qui avait été assez heureux pour échapper à la visite et à la consigne qui veut qu'aucun animal vivant ne puisse être introduit dans la prison.

Quoi qu'il en soit, le voilà dans le parloir, toujours dans le cabas, entre son maître et sa maîtresse; on frappe : le gardien sort pour ouvrir, pendant ce temps, l'innocent animal change de domicile. Déjà il est blotti dans la poche d'une redingotte à la propriétaire; plus tard il franchit inaperçu le redoutable guichet, et bientôt il broute chez son maître quelques feuilles de salade et de choux; tout se passe à merveille pendant quelques jours; mais ne voilà-t-il pas que le brigadier, peu actif de son naturel, s'avise un jour de visiter les cellules; en apercevant le petit lapin qui, sans s'intimider, continue à brouter, il faillit se trouver mal de colère. Tout à coup ses yeux s'enflamment, il jure, et finit par demander au prisonnier comment il a pu le faire entrer; puis, sans attendre de réponse, il descend les escaliers quatre à quatre, frappe vigoureusement à la porte du guichet, adresse de sanglans reproches aux gardiens, et menace de les consigner tous pour quinze jours. « Tas d'imbéciles, leur criait-il, laisser passer un lapin !.... Que dirait M. le préfet de police s'il savait cela... Vous verrez qu'un de ces quatre matins on introduira des pièces de quarante-huit sans que vous vous en apperceviez ! »

Comme bien vous pensez, le lapin ne demeura pas long-temps à Sainte-Pélagie, il fut impitoyablement chassé de la maison, au grand regret de son maître, qui eût préféré partir à sa place.

Le lendemain de cet incident, on fouilla

les détenus avec une incroyable sévérité, qui fut même poussée jusqu'à l'indécence. Plainte en fut portée au directeur, à qui je dois cette justice de dire que depuis ce jour les fouilles n'ont plus porté le cachet de l'indécence.

Si nous entrons un instant au parloir pour résumer ce qui s'y passe, pour étudier les différentes impressions qui se peignent sur les diverses physionomies, nous y trouverons un vaste champ d'étude pour l'homme qui veut observer. Ici c'est un vieillard au front ridé, qui doit la blancheur de ses cheveux aux chagrins qui le dévorent plutôt qu'au nombre des années. Près de lui est un jeune homme, c'est son fils, un fils coupable, sans doute, car le malheureux père lui adresse des reproches; le jeune homme semble contrit; quelquefois une larme s'échappe de ses yeux. Est-ce le repentir qui la fait couler? Espérons-le.

Dans un coin de la salle, derrière une porte, vous remarquez une jeune femme; elle est accompagnée d'un petit enfant. A l'altération de ses traits, au demi-cercle qui se dessine en rouge sous sa paupière inférieure, il est facile de deviner qu'elle souffre et pleure souvent. Ce n'est pas sans motif, car le père de son enfant doit passer cinq mortelles années sous les verroux de Sainte-Pélagie, où l'a conduit un arrêt de la cour d'assises. Pauvre femme! elle croit à l'innocence de son mari. Et pourquoi n'y croirait-elle pas? la servante de Palaiseau, Calas, Lesurques, n'ont-ils pas payé de leur tête l'ignorance de la justice! Qui lui dit, à cette pauvre femme, que le nom qu'elle porte n'est pas aussi celui d'un innocent! Laissons-lui au moins cette faible consolation.

Ailleurs c'est une femme encore, mais elle n'est plus jeune; elle paraît avoir une trentaine d'années : trois enfans sont à ses côtés. L'aîné peut avoir dix ans. Ses vêtemens annoncent presque l'indigence; elle était heureuse autrefois, car le père de ses enfans gagnait assez pour soutenir sa famille dans une honnête aisance. Maintenant il est détenu comme prévenu : depuis dix-sept mois il sollicite, mais en vain, la justice du pays ; son juge d'instruction n'a pas le temps de s'occuper de lui : et cependant il est peut-être innocent! Et pendant ce temps la malheureuse famille meurt de faim ! A quoi servent donc les *cinquante-deux mille lois* qui régissent cette nation civilisée qu'on appelle la France ?

Il nous reste maintenant à faire connaître le parloir grillé. Il consiste en trois couloirs, dont celui du milieu, large de quatre pieds, est séparé des autres par un grillage en fer : c'est là que se promène le gardien, pendant que les visiteurs d'un côté et les prisonniers de l'autre, causent de leurs affaires et sont obligés de parler très haut afin de pouvoir se faire entendre.

C'est à juste titre que l'on a surnommé ce parloir, le parloir *des ours*. Il se trouve situé dans le bâtiment dit de *la Détention*; il occupe au rez-de-chaussée presque toute la longueur du bâtiment. Ce parloir est si obscur qu'on peut à peine s'y reconnaître. Pendant l'hiver les murs en sont humides. Rien n'est affreux comme d'être obligé d'y passer une heure. Si l'on veut s'en faire une idée, on peut se figurer, d'un côté, trente à quarante personnes appartenant généralement à la dernière classe du peuple ; vis-à-vis, un même nombre de prisonniers de ceux que nous avons désignés sous le nom de *goipeurs*. Qu'on se figure aussi quatre-vingts bouches parlant, ou plutôt criant à tue-tête, et répandant dans l'atmosphère empoisonnée de cette espèce de cachot une haleine infecte qu'il est souvent impossible de supporter. Ajoutez à cela les propos révoltans que vous êtes obligés d'entendre, et vous n'aurez encore qu'une faible idée du dégoût qu'inspire un pareil lieu. Je ne puis mieux comparer le parloir *des ours* qu'à ces ménageries d'oiseaux et de bêtes fauves, qui crient et hurlent chacun à leur façon. C'est là où, pour la première fois, je dus recevoir ma femme et ma fille. L'une et l'autre étaient presque asphixiées lorsque j'arrivai. Et que l'on ne taxe pas ceci d'exagération. Tout récemment encore, une dame à qui M. Parisot avait refusé un permis pour le greffe (il est vrai que cette dame avait cinquante ans), vint pour visiter M. d'A...; au bout de cinq minutes d'attente, étourdie par le bruit, étouffée par les miasmes putrides du parloir. elle se trouva mal. Le gardien de service fut obligé de la transporter au guichet du greffe, où l'on s'empressa de lui donner les soins nécessaires. Elle était toute en larme lorsque M. d'A.... arriva près d'elle.

Je reviens à ma femme. « Mon cher ami, me dit-elle, quelle horreur que ce lieu ; je ne pourrais pas y rester cinq minutes sans me trouver mal. »

Je renvoyai Mme de Verteuil et ma fille, et je leur dis de se présenter à la Préfecture de police et de demander une permission pour me voir trois fois par semaine au parloir du greffe ; elle ne put obtenir, après quinze jours de sollications, qu'un permis d'une fois par semaine. Cependant, M. Parisot poussa la galanterie jusqu'à lui dire qu'elle pourrait me voir deux autres fois par semaine au parloir grillé.

J'ai été plus de trois mois à obtenir une permission de quinze jours en quinze jours pour un de nos rédacteurs. Voilà les douceurs que le juste-milieu réserve aux journalistes de l'opposition ! Aux hommes de juillet qui viendront nous dire maintenant que le gouvernement est généreux et clément, je répondrai : Arrière, imposteurs !

arrière ! Cette Restauration que vous avez trahie, que vous avez ensuite accusée, ne se pavanait pas comme vous sous le manteau de la clémence et de la générosité ; mais elle était clémente et généreuse. Alors les journalistes, détenus comme aujourd'hui, étaient à Sainte-Pélagie ; mais alors Sainte-Pélagie avait une autre destination, c'était la prison pour dettes : on y recevait qui l'on voulait, et, tous les jours, on pouvait embrasser sa femme, ses enfans, ses amis ; non dans le parloir du greffe, non dans le parloir *des ours*, mais chez soi, dans sa chambre, et cela à toute heure du jour. Un homme d'honneur, une femme respectable, n'étaient pas exposés, comme aujourd'hui, a se trouver à côté d'un Lacenaire, d'un Soufflard, d'un Lesage ! Ils n'étaient pas placés dans la cruelle nécessité de respirer l'haleine empoisonnée d'un forçat, d'un assassin !

Maintenant, entre le journaliste, le forçat et l'assasin, plus de différence depuis 1830. Cependant, c'était pour la liberté de la presse que se fit la révolution de juillet : c'était pour elle que la France se baigna dans le sang de vingt mille cadavres ! Alors on donnait des poignées de main ; plus tard on donna les lois de septembre !

III.

La Pistole. — Visite du médecin. — Le garçon de parloir. — Ses fourberies. — L'homme d'affaires en prison. — Les filous. — Les espions.

> Suum cuique mos.
> (TÉRENCE.)
> Chacun son caractère.

Je vais maintenant jeter un coup-d'œil sur ce qui se passe à la Pistole : on sait déjà qu'on appelle de ce nom les cellules qui sont occupées par des détenus payant six à huit francs par mois. Tous les matins, à six heures l'été, à sept heures l'hiver, les portes en sont ouvertes ; jusqu'à la fermeture du soir, qui a lieu à huit heures, les pistoliers peuvent communiquer entre eux. Cependant, depuis dix heures jusqu'à midi, et de trois heures à cinq, les portes sont fermées, et alors on ne peut communiquer qu'avec les détenus du corridor auquel on appartient, à moins toutefois qu'on ne se soit laissé enfermer dans un autre ; mais alors on ne peut en sortir que quand on ouvre tous les corridors.

Je ne sais pas au juste quelle est l'étymologie du mot *pistole*. J'ai ouï dire qu'il vient de ce qu'autrefois la Pistole se payait *dix francs* par mois ; je suis plus porté à croire qu'il provient de ce que les prisonniers qui occupent les cellules payantes sont censés avoir des *pistoles*. Les pistoliers sont du reste des gens riches comparativement aux autres détenus.

Je dis donc qu'à six heures l'été et à sept heures l'hiver les cellules sont ouvertes.

Alors les auxiliaires font la distribution du pain, mettent de l'eau dans les cruches, font les lits etc. Ce sont des prisonniers qui font ce service. Les réglemens de la prison fixent *à un franc cinquante centimes* par mois ce que chaque prisonnier est tenu de leur donner : mais il est rare que ce chiffre ne soit pas dépassé. Cependant les auxiliaires n'ont pas le droit d'exiger davantage, ils sont tenus en outre de faire sans rétribution aucune le service particulier de la maison.

Entre sept et huit heures arrive la laitière. Ceux qui veulent du lait envoient l'auxiliaire ou vont eux-mêmes au guichet se faire servir. A neuf heures et demie *l'aboyeur crie à la cantine* ! Ceux qui ont besoin de quelque chose s'empressent d'accourir afin d'être les premiers servis; on est quelquefois obligé d'attendre son tour pendant une heure ; et quand il est venu on vous passe à travers un petit guichet ce que vous avez demandé. Notez cependant que le cantinier a eu soin de se faire payer d'avance. Le vin est mesuré sans que le prisonnier y voie rien. Le fromage, le beurre, le tabac et tout ce qui se pèse en un mot est pesé hors la portée du prisonnier. Aussi est-il fort rare d'avoir le poids exact. Le tabac est pesé d'avance et renfermé dans de petits cornets de papier. Tant pis pour celui qui se trouve réduit à ne pouvoir prendre qu'une demi-once (vieux style), a la fois, il n'aura, pour se réveiller, qu'un détestable tabac sec, et ayant plutôt une odeur de poussière et de fumée, que celle qu'il devrait avoir. Ces cornets de tabac restent quelquefois exposés huit jours sur une planche, à la chaleur et à la fumée de la cuisine. Pourquoi l'administration des prisons ne réprime-t-elle pas un tel abus ? Pourquoi aussi les balances ne sont-elles pas placées de manière que le détenu puisse s'assurer si on lui donne le poids qu'il a demandé ?

Si tous les auteurs qui ont écrit sur les prisons étaient entrés dans ces détails je n'aurais pas à m'en occuper aujourd'hui, mais pourquoi n'ont-ils rien dit de cela ? C'est que presque tous ont écrit sous la dictée du gouvernement qui les salariait ; la plupart des inspecteurs qui ne se sont pas donné la peine de descendre dans les détails. Nous savons ce que sont ces visites d'inspecteurs, véritables plaisanteries ; j'en ai vu plusieurs. Chaque fois qu'un inspecteur est venu visiter la prison dans l'année que j'y ai passée, toute la maison le savait cinq à six heures d'avance, quelquefois vingt-quatre heures. Alors les gardiens trottaient partout, pour faire mettre les choses en ordre, enfin l'inspecteur passait dans un ou deux corridors seulement, suivi du directeur, du brigadier et de deux ou trois gardiens ; jamais je n'ai vu un inspecteur adresser la parole à un détenu ; le prisonnier de son côté n'ose pas se plaindre, il craint : on craint toujours lorsqu'on est sous les mains de la justice ; et puis le détenu a peur du cachot. Il craint plus encore : on peut le transférer ; il aime mieux souffrir et se taire.

Quelques personnes indépendantes ont aussi parlé sur les prisons; mais elles ont traité cette grave question d'une manière très superficielle; elles ne se sont pas dit en prenant la plume : c'est la cause du malheureux que je vais plaider ; ce sont les abus dont il est victime que je vais signaler. Avant d'entreprendre leur tâche, elles se sont tracé un cercle étroit dont elles ne sont pas sorties. Il n'est donc pas étonnant que les gémissemens du malheureux ne soient pas arrivés jusqu'à elles.

Sur les dix heures et demie, le médecin arrive : on prévient dans les corridors; tous les malades se réunissent auprès du guichet. Après un quart d'heure, quelquefois une demi-heure d'attente, la porte s'ouvre et les malades se rendent dans les salles de l'infirmerie accompagnés d'un gardien. Je profiterai de cette occasion pour faire une observation sur la manière dont se fait le service médical. Sous le rapport du nombre, l'état-major de l'infirmerie ne laisse rien à désirer; mais sous le rapport de la négligence, c'est autre chose. Voici comment se compose le personnel : un médecin, un élève en médecine qui a au moins quatre ans d'étude, et qui a son logement dans la maison; puis un infirmier en chef qui est détenu, plus deux infirmiers également détenus. Le médecin doit faire une visite tous les matins, accompagné de l'élève, qui le soir doit passer dans les salles. Cette dernière visite manque souvent; les médicamens prescrits sont généralement mal ou ou pas du tout administrés. En thèse générale, les malades sont très mal soignés. Il est reçu dans les prisons de dire, quand un prisonnier entre à l'infirmerie, qu'il va à l'*abbatoir*. Cette expression est caractéristique.

Un mot maintenant sur le garçon de parloir, autrement dit l'*aboyeur*. Je ferai connaître ses fonctions ; dans cet examen nous ne manquerons pas d'abus à signaler. Le garçon de parloir est toujours un prisonnier; ses fonctions consistent d'abord à appeler les détenus que l'on demande, soit au greffe, soit au guichet, soit au parloir; puis à surveiller les auxiliaires dont il est le chef. C'est l'intermédiaire entre les pistoliers et les commissionnaires ; c'est lui qui monte les commissions et le bois dans les cellules. Le garçon de parloir est aussi le vaguemestre de la maison. Le détenu qui a oublié de se pourvoir trouvera toujours chez lui une provision de pain, de vin et de chandelle; c'est presque le concurrent du cantinier; malheur à lui cependant si son commerce est découvert; il perdrait son emploi et peut-être cent francs par mois qu'il en retire. Pour résumer, le garçon de parloir est le factotum de la maison; il a le droit d'aller partout, car c'est l'espion du directeur; c'est par lui que ce dernier sait tout ce qui se passe dans la prison; aussi quelques plaintes que l'on porte contre lui, il est toujours renvoyé absous. J'aurai un peu plus loin l'occasion d'en citer un exemple.

Lorsqu'il appelle un détenu pour le parloir, il est d'usage de lui donner quelques sous. Si vous négligez cette précaution, il vous appellera un quart d'heure après qu'on vous aura demandé, mais alors il criera à tue-tête, ce qui vous contrariera beaucoup, parce qu'on sait dans la prison que c'est ainsi qu'il appelle ceux qui ne lui donnent rien. Si vous avez tant soit peu d'amour propre, vous ne pourrez vous dispenser de vous montrer généreux à la première occasion. Quelques détenus n'aiment pas qu'on les appelle : alors ils se font prévenir dans leurs cellules. Ce garçon acquitte aussi le montant de la pistole de ceux qui ne jugent pas à propos de se déranger. Tout cela lui rapporte quelques pièces. Dans les commissions dont il est chargé, il trouve encore son bénéfice ; il trouve aussi dans les plats qui viennent de chez le traiteur un partie de son diner. Je vais citer, à cet égard, un petit larcin dont j'ai été en partie victime.

A l'époque où le comte de Perdreauville était en prison, nous prenions nos repas ensemble ; nous demandions assez souvent des plats garnis d'écrevisses ; bien qu'il n'y en eût jamais qu'une, nous nous en contentions. Cependant, un jour que j'eus l'occasion de faire payer le restaurateur, par une autre voie que celle du garçon, je profitai de la circonstance pour me plaindre de l'exiguité des plats que l'on nous envoyait. Je n'oubliai pas les écrevisses. Quel fut mon étonnement, quand on me répondit que le restaurateur avait juré ses grands dieux que jamais il ne nous avait envoyé moins de trois écrevisses. Je me rendis aussitôt chez le garçon de parloir, que je trouvai à dîner avec un autre détenu. La première chose qui me frappa fut d'apercevoir sur sa table un plat copieux d'écrevisses. Je vis que ma présence le gênait; je n'épargnai pas les reproches; il m'assura qu'il était innocent; je n'en crus rien. Cependant, par pitié, je ne voulus pas porter plainte contre lui. J'ai appris, plus tard, que toutes les fois que nous recevions des écrevisses il en prenait deux, et qu'à l'occasion il agissa de même avec les autres prisonniers, ce qui le mettait à même d'établir à peu de frais sur sa table un plat qui flattait son amour propre. Monsieur était aussi très riand d'asperges ; il en prélevait un peu sur tous les plats qui lui passaient par les mains et s'en faisait ainsi un plat confortable.

Peu de temps après, M. Durand, gérant de la *Minerve*, vint à Sainte-Pélagie pour y subir une condamnation d'un mois. La veille de son départ, M. de Perdreauville et moi lui offrîmes un déjeuner dinatoire. M. Durand, voulant nous ménager une surprise, avait dans la soirée donné quinze francs au garçon, à l'effet de lui procurer une volaille, un gâteau, quelques bouteilles de vin et des fruits. Que fit notre homme ? sachant que j'avais un compte ouvert chez madame Engrain, il fit une note en mon nom et envoya prendre chez elle la volaille et le gâteau. Le lendemain, M. Durand nous quitta. Deux mois après environ, le garçon était au terme de sa captivité ; il allait sortir. Madame Engrain en eut connaissance. Étonnée de ce que je ne lui avais pas tenu compte de sa volaille et de son gâteau, elle se rendit au greffe de la prison et demanda à me parler. C'est alors qu'elle m'apprit qu'elle m'avait envoyé plusieurs fois la note de cette dépense; mais comme cette note avait passé par les mains de notre homme, celui-ci avait eu le soin de ne pas me la remettre : j'expliquai à madame Engrain le nœud de cette affaire, et lui promis de l'arranger avant vingt-quatre heures : il était trop tard pour voir le directeur.

Mais le lendemain, j'allai le trouver et lui racontai ce qui m'était arrivé. Je le priai de faire comparaître le garçon de parloir devant lui et en ma présence pour qu'il eût à s'expliquer sur cet abus de confiance. Ce malheureux poussa l'impudence jusqu'à dire que c'était M. Durand qui l'avait engagé à en agir ainsi. J'ai fait immédiatement appeler les deux personnes qui se trouvaient à souper avec nous : elles certifièrent toutes les deux que M. Durand avait donné quinze francs pour faire face à la dépense, ce qui suffisait et au-delà. Eh! bien, le croirait-on? malgré tout cela, le directeur a laissé partir ce fripon sans lui faire payer cette somme, et Mme Engrain en eût été infailliblement pour sa note et ses démarches, si je n'eusse menacé le garçon d'en écrire au procureur du roi, si dans vingt-quatre heures il n'avait pas acquitté cette note. Il jugea prudent de suivre mon conseil et il paya.

Comme on trouve toujours plus habile que soi, notre fripon avait aussi trouvé plus rusé que lui. Dans le corridor Saint-Louis se trouvait un détenu qu'une condamnation en police correctionnelle avait amené pour trois mois à Sainte Pélagie : c'était un agent d'affaires ; il voulut utiliser son tems et y réussit à merveille. Il ne tarde pas à s'apercevoir que le garçon de parloir est une mine à exploiter. La première chose à faire, c'est de se mettre en rapport avec lui. Pour cela, il n'y a qu'à faire venir un litre de vin par le garçon et à l'engager à en prendre sa part; c'est ce que fit notre homme. Puis l'on dîne ensemble; bien entendu, c'est l'homme d'affaires qui régale. On parle beaucoup de l'avenir du garçon; on lui fait entendre qu'il serait bien placé à la tête d'une petite maison de commerce, mais il faut des fonds pour commencer. Le pauvre garçon avoue ingénuement qu'il n'a à sa disposition que huit à neuf cent francs environ, tandis qu'il lui faudrait au moins cinq à six mille francs. — Et si je vous les prêtais, dit l'homme d'affaires. — Pas possible, s'écrie le garçon! vous me prêteriez cinq à six mille francs! — Pourquoi pas? vous avez l'air d'un honnête homme, vous aimez le travail, vous devez prospérer, c'est une affaire entendue, quand vous sortirez, je vous prêterai cette somme, nous prendrons des arrangemens pour le remboursement. Je ne demande pas d'intérêts, vous me rendrez cela par mois et par petites sommes, suivant vos bénéfices ; êtes vous content ? — Si je suis content ! moi qui ne rêvais que magasin, que commerce. Ah ! Monsieur, vous êtes pour moi un second père.

A partir de ce jour tous les bénéfices du garçon de parloir se mangent en commun, voire même les écrevisses et les asperges. L'homme d'affaires ne fait rien venir de chez lui, ne voulant pas déplacer ses fonds, il puise dans la bourse de son client. Il le remboursera en lui comptant les cinq mille francs. Enfin les trois mois se sont écoulés, on donne un bon dîner au généreux capitaliste qui, le lendemain, s'éloigne de Sainte-Pélagie, débiteur de trois cents et quelques francs. Le pauvre garçon de parloir attend encore cette somme et les cinq mille francs qu'on devait lui prêter.

Puisque nous sommes sur l'article des filouteries, nous allons nous arrêter un moment à ce genre d'industrie si commun dans les prisons.

Défiez-vous d'abord de certains individus qui vont rôdant dans tous les corridors, surtout pendant les heures du parloir : gardez-vous d'oublier de fermer votre porte : en rentrant chez vous, vous ne trouveriez pas dans votre cellule tout ce que vous y auriez laissé. Ceux-là sont les industriels de troisième ordre, ils ne s'en prennent ordinairement qu'aux comestibles et surtout au tabac.

Viennent ensuite les industriels de second ordre : tous les moyens leur sont bons. Ils entrent effrontément dans votre chambre, vous demandent un canif, un couteau, un livre; c'est presque toujours pour un de vos amis : si vous livrez l'objet demandé vous ne le revoyez plus, pas plus que l'individu, qui appartient ordinairement à la classe des *goipeurs*.

Si vous vous trouvez à une partie de bouillotte ou de vingt-et-un, gardez-vous bien de prêter de l'argent aux joueurs, car vous aurez beaucoup de peine à rentrer dans la dixième partie de vos fonds. Sur une trentaine de francs environ que j'ai ainsi prêtés dans les premiers mois de mon séjour à Sainte-Pélagie, il ne m'est pas rentré dix francs.

Défiez-vous aussi de certains flâneurs qui ont l'air de vous admirer : selon eux tout ce que vous faites est bien ; si vous avez assez d'amour-propre pour croire aux louanges qu'ils vous donnent, ils ne manqueront pas de s'en apercevoir. Alors, vous ne tarderez pas à les voir entrer chez vous, la main dans la poche de leur gilet. Ils vous diront : « J'ai *tant* à payer, il me manque *tant*; ma femme doit m'apporter cent francs demain ; prêtez-moi *tant*, je vous rendrai cela aussitôt que j'aurai reçu; chez moi, tenez, demain en dînant, car j'espère que vous voudrez bien me faire le plaisir d'accepter un pâté de Lesage. » Si vous êtes assez simple pour mordre à l'hameçon, on vous dira le lendemain que madame n'est pas venue ; puis, comme par la même raison, le pâté aura fait défaut, on n'aura rien pour le dîner; alors on s'invitera sans façon, on s'offrira même à payer le vin et le café : mais, comme on n'a pas d'argent, on est obligé de vous demander une pièce de cinq francs ; on vous rendra le tout en même temps : vous n'osez refuser. Le lendemain, madame ne vient point encore, on se lamente, puis on finit par vous demander vingt sous afin d'envoyer un commissionnaire savoir ce qui se passe au logis. Pour vous la farce est jouée, on s'adresse à un autre. A partir de ce moment on ne fait plus semblant de vous voir si l'on passe auprès de vous.

Enfin, vous comprenez que vous avez été dupé; c'est alors que vous jurez, mais un peu tard, qu'on ne vous y reprendra plus.

Nous allons maintenant nous occuper des filous de premier ordre : ceux-là sont de l'espèce des voleurs; ils entrent chez vous pendant que vous y êtes, sous un prétexte quelconque. Quelquefois c'est la monnaie de cinq francs qu'ils vous demandent; par ce moyen, on arrive quelquefois à savoir où vous mettez votre argent. C'est déjà un premier pas de fait : il ne reste plus qu'à savoir le moment où vous sortirez de votre chambre. Alors, si l'on a vu chez vous quelques objets dignes de fixer l'attention, on saura, au besoin, faire sauter votre cadenas; pour cela quelques secondes suffisent. Exemple : un jeune détenu, horloger de profession, avait, indépendamment de sa cellule, une petite chambre que l'administration lui accordait et dont il faisait son atelier : un jour, vers les deux heures, il est appelé au parloir. Il descend aussitôt, après avoir fermé sa porte, laissant sur sa table deux montres, dont l'une était en or : à peine arrivé au parloir, il s'aperçoit d'un oubli ; vite il remonte : déjà les deux montres avaient disparu : dans le peu [de temps qu'il avait été absent (cinq minutes à peu près) on avait pu forcer son cadenas, prendre les montres et s'éloigner. Une visite fut immédiatement faite dans les cellules, mais on ne retrouva rien. Les objets volés n'étaient déjà plus dans la maison. Ce fait s'est passé durant mon séjour à Sainte-Pélagie. Je ne parlerai pas des petits vols de quelques francs et d'objets de minime valeur qui sont à l'ordre du jour : on y est tellement habitué qu'on ne s'en occupe pas.

Je vais maintenant passer à une question

d'une autre nature : sa place est ici : je veux parler des *moutons*. Des *moutons* dans une prison!! Sachez donc que dans une prison c'est le nom que l'on donne aux espions. Ils y en a de trois sortes : les moutons du directeur et du brigadier, ceux de la police et enfin ceux du Palais-de-Justice. Ceux de la première catégorie se composent du chef de parloir et des auxiliaires, leurs fonctions leur permettant de voir ce qui se passe dans l'intérieur des cellules et d'examiner les habitudes et les occupations des détenus.

Voyons maintenant quels sont les *moutons* de M. le préfet. Je mettrai en première ligne le brigadier chef des gardiens. C'est lui qui est chargé de surveiller le directeur. S'il arrivait à ce dernier d'accorder à un détenu une de ces faveurs qui dépassent le réglement, s'il lui arrivait de s'absenter trop long-temps, en un mot de négliger quelque partie que ce soit de ses fonctions, le préfet de police en serait aussitôt instruit par son *mouton*. Aussi le directeur et le brigadier d'une prison sont-ils ennemis-nés. Le brigadier, à son tour, est *moutonné* par un gardien, qui doit gagner à ce prix le double galon. Quelques prisonniers, qu'on ne devine pas toujours, servent aussi les intérêts de la préfecture de police. A ceux-là, quand ils sortent de prison, c'est pour le moins une place de sergent de ville qui leur revient. Quant aux *moutons* du Palais-de-Justice, ce sont d'abord tous ceux que je viens de nommer, plus tous les gardiens, plus encore certains détenus qu'on ne connaît pas toujours, mais qu'on finit cependant par deviner. Les fonctions de cette troisième classe consistent spécialement à surveiller les prévenus, à provoquer leurs confidences, à connaître leurs relations et leurs correspondances, en leur offrant de faire passer secrètement leurs lettres qui sont décachetées, liées et livrées à la Préfecture de police. Arrive-t-il à Sainte-Pélagie un individu prévenu, de banqueroute par exemple, on surveille sa manière de vivre, on sait ce qu'il dépense par jour ; on le tâte de mille manières pour savoir s'il a mis quelque chose de côté. Ce sont les *moutons* détenus qui sont chargés de ce dernier soin. Ils vous abordent sous un prétexte quelconque ; ils vous disent qu'ils sont dans le même cas que vous, mais qu'ils ont eu le bon esprit de mettre le *magot* en sûreté. Par ce moyen on arrivera peut-être à obtenir un pareil aveu du prévenu ; mais malheur à lui s'il livre son secret, il aura bientôt à s'en repentir.

On voit aussi dans les prisons une race d'individus désignés sous le nom de *fourgats* ou brocanteurs. Ils achètent tout ce qui est à vendre, et au plus bas prix possible, cela va sans dire. Ce sont presque tous des Juifs ou des Italiens qui s'emparent du monopole de ce commerce. Si vous avez besoin d'un pantalon, d'un gilet ou de quoique ce soit, adressez-vous à eux, ils vous le procureront ; car ils ne l'ont pas, mais ils savent où le prendre. Bientôt ils vous présenteront un choix, et lorsque vous avez jeté votre dévolu, ils vous disent qu'ils vont demander au propriétaire s'il veut laisser l'objet au prix que vous en offrez. Alors qu'ils ont acquis la certitude de vendre, ils retournent chez le propriétaire de l'objet. — Votre diable d'affaire, disent-ils, personne n'en veut. Je trouve bien quelqu'un qui m'en donne tant ; mais vous ne voudrez pas la laisser à ce prix. (Et notez bien que ce prix est toujours la moitié de celui qu'on lui a offert.) — Entre nous soit dit, ajoute-t-il, ce n'est pas merveilleux ; pour moi, je vous avoue que j'aurais de la peine à y mettre ce prix. Tout bien examiné, je crois que vous feriez bien de le laisser. Pressé par le besoin, le vendeur

IV.

Occupation des pistoliers.—Le prisonnier en voyage. —L'adultère et l'assassin de sa femme.— Les soirées à Sainte-Pélagie. — Physionomie de la cour des goipeurs. — Un mot sur les différens vols. — Arrivée d'un voleur de profession. — Son histoire en argot.

> Il n'est point d'homme parvenu à un certain degré de perversité qui n'ait de lui une idée supérieure.
>
> (DUCLOS.)

Quelles sont les occupations des pistoliers ? Il serait difficile de répondre à cette question d'une manière générale. Cependant, je pense que trois divisions me suffi-

consent. C'est ainsi que sans avoir rien déboursé le brocanteur a gagné la moitié ou au moins le tiers de la valeur de l'objet; de plus, le vendeur et l'acheteur lui allouent quelque chose pour la peine qu'il a prise.

Les brocanteurs achètent aussi les reconnaissances du Mont-de-Piété, et ce n'est pas un de leurs plus petits bénéfices.

Lorsque j'arrivai à Sainte-Pélagie, il y avait un Juif qui faisait ce commerce avec beaucoup d'activité. Il avait aussi un abonnement au *Journal des Débats*, seul journal qu'il soit permis de recevoir à Sainte-Pélagie. On le lit pour deux francs par mois le jour même, trente sous le lendemain, et vingt sous le troisième jour. On le garde une heure. Depuis son départ, c'est le garçon de parloir qui s'est emparé de cette branche de commerce.

A propos de journaux, je dois dire que Sainte-Pélagie a aussi sa presse, et plus d'une ville de premier ordre n'est pas aussi bien fournie en journaux : Sainte-Pélagie en a jusqu'à trois, le *Furet*, c'est le journal des *goipeurs*, qui a pris pour devise : *Guerre aux contre-maîtres.*

Le *Franc-Pistolier* : son titre indique assez sa destination. Il donne une revue hebdomadaire de la Pistole.

Vient enfin l'*Euphémisme*, petite feuille mordante qui s'est constituée le critique de ses deux confrères.

ront pour la résoudre : La première comprend les hommes de lettres qui consacrent une partie de leur temps à écrire, et ceux qui, ambitieux du titre d'auteur, achètent à vil prix les idées du malheureux réduit à vendre la science au poids du pain. J'ai vu un homme du plus grand mérite écrire d'admirables pages d'histoire en échange de la plus misérable pitance; et ces pages, dignes de nos meilleurs historiens, étaient signées par un homme qui n'avait d'autre talent que celui de les copier lisiblement.

Les détenus qui font partie de cette catégorie, comme je viens de le dire, s'occupent une partie de la journée, les uns à composer, les autres à copier; mais comme un arc ne peut pas rester toujours tendu, de même l'esprit a besoin de repos. C'est ainsi que de petites soirées ont été établies; et là, de grands coupables jouent aux jeux innocens pour ouvrir la soirée. Puis un ancien professeur d'histoire, doué d'une facilité d'élocution étonnante, improvisait pendant une heure sur un sujet donné; comme c'était un cours d'improvisation qu'il faisait, de deux jours l'un un des élèves inscrits traitait une question qui lui avait été donnée la veille, et que le plus souvent il choisissait lui-même; puis la soirée se terminait par quelque proverbe. Ces petites réunions se composaient à peu près de l'élite de la maison; elles étaient aussi gaies qu'elles sont susceptibles de l'être dans un lieu de détention.

Si nous passons à la deuxième catégorie, nous arrivons aux détenus, qui, soit pour se distraire, soit par calcul d'intérêt, exercent une industrie quelconque. Ici c'est un peintre, qui fait pour cinq francs un portrait que dans le monde on paierait trente francs. Là c'est un artiste en cartonnage dont les petits chefs-d'œuvre ont plus d'une fois fait honneur aux magasins de

Susse et de Giroux. D'autres passent des journées entières à confectionner de petits cylindres en papier, que plus tard ils réunissent pour faire des corbeilles qui, par la variété des couleurs et le fait du travail, méritent à juste titre la vogue qu'elles ont obtenues chez les confiseurs qui en font de fort jolies boite à bonbons. Quelques-uns enfin, et c'est le plus grand nombre, s'occupent à faire des chaussons, soit en lisière, soit en tresse de laine ; ces derniers travaillent rarement isolés : ils se réunissent par trois ou par quatre dans une cellule et travaillent un jour entier pour gagner cinquante centimes. Quelque minime que soit cette somme, c'est toujours pour eux un allégement. Puis d'ailleurs cela les occupe, leur captivité passe plus rapide et moins triste. Enfin, ils se suffisent à eux-mêmes, et c'est déjà beaucoup.

Il n'en est pas de même de ceux qui reculent devant l'idée du travail : ceux-là s'ennuient tout le jour. Ils s'ennuient même la nuit, parcequ'ils se couchent de bonne heure et se lèvent fort tard. Honte à ceux-là, qui préfèrent manquer de tout, qui aiment mieux se contenter de la nourriture de la maison, plutôt que de se livrer à une occupation quelconque, qui les mettrait à même d'alléger leur captivité, que l'inaction ne fait que rendre encore plus triste. Comment passent-ils donc leur temps ? Ils se promènent toute la journée dans les corridors et sur les cours ; ou bien vont fatiguer leurs voisins de leur incessante *flânerie*. Heureux encore s'ils n'ont à se reprocher que leur paresse. Mais malheureusement il arrive souvent, que, se trouvant privés du nécessaire que les autres se procurent par le travail, la plupart rentrent dans la catégorie des filous, conséquence inévitable de l'oisiveté.

Il y avait au bâtiment de la Dette, un homme condamné à une année de prison, qui, pour trouver le temps moins long, s'était imaginé qu'il avait un long voyage à faire, un voyage de 3,650 lieues ; c'est-à-dire dix lieues par jour pour arriver au terme de sa captivité représentée par ce voyage. Aussi tous les jours régulièrement, aussitôt qu'il était levé, il faisait son paquet, le plaçait au bout d'un bâton et se mettait à arpenter la cour, jusqu'à ce que d'après son calcul il eût fait cinq lieues. Il rentrait alors chez lui, déjeunait, puis après s'être reposé une heure, il se remettait de nouveau en route pour faire encore cinq lieues. Il rentrait pour dîner, puis se couchait. Il eut la constance de faire ce manége pendant toute son année. Il ne comptait pas les jours qu'il avait à faire, mais les lieues. Si on lui demandait combien il lui restait de temps à faire, il répondait j'ai encore tant de lieues ; et si l'on s'informait de l'endroit où il coucherait le soir, il répondait : mais à Bayonne, ou bien à Saint-Malo, etc. etc.

Puis la conversation s'engageait, et il raisonnait absolument comme s'il eut été en voyage. Voilà ce que l'on peut appeler de l'originalité. Au moins celui-là faisait quelque chose; car on ne peut pas disconvenir que c'était un rude travail, que celui de faire dix lieues par jour pendant un an.

Parmi les individus inactifs, on en trouve beaucoup qui aiment à s'occuper des affaires des autres. Ce sont les vieilles femmes du quartier; leur bonheur est de contrôler tout ce qui se passe, de brouiller tout le monde; ils savent toutes les nouvelles de la maison. Cela leur est facile, puisqu'ils n'ont rien autre chose à faire. Or, l'un d'eux apprit un jour que dans une chambre à deux lits habitaient deux détenus, tous deux en prévention; l'un pour avoir tué sa femme, qu'il avait surprise en flagrant délit d'adultère : celui-là, on le nommait le *perruquier* de Gentilly, parce que c'était d'un coup de rasoir qu'il avait tué l'infidrle en lui tranchant la tête (1); l'autre pour avoir commis le crime dont son co-chambriste s'était vengé si cruellement snr sa femme. Bien informé à cet égard, notre oisif aborde un jour l'adultère et lui dit mystérieusement : — Prenez bien garde à vous; on vous a logé avec un homme dangereux; ayez bien soin surtout qu'il ne sache pas que vous êtes détenu pour adultère.... il vous tuerait comme il a tué sa femme, car il a juré d'envoyer, sans miséricorde, dans l'autre monde, tous les adultères qui lui tomberaient sous la main ; c'est en ami que je vous préviens. Faites donc bien attention à vous ; vous voilà bien averti.

Un instant après, il entretenait mystérieusement aussi le mari de la femme adultère, et lui disait à voix basse : « Défiez-vous de votre chambriste, il est ici pour

---

(1) Depuis il a été acquitté par la cour d'assises.

adultère ; il a juré que le premier mari jaloux et récalcitrant qui lui tomberait sous la main en verrait de cruelles ; s'il venait à savoir que vous avez tué votre femme parce qu'elle vous avait été infidèle, n'en doutez-pas, il vous couperait la gorge. Tenez-vous donc bien sur vos gardes. C'est la nuit surtout que je vous engage à prendre vos précautions et un mauvais coup est bientôt fait.

Dès lors, toute conversation cesse entre les deux chambristes. Quand arrive l'heure du coucher, c'est à qui se mettra au lit le dernier. Ils s'évitent réciproquement. Le soir même de ce jour il était près de minuit que ni l'un ni l'autre n'avait osé se coucher. Pourtant l'adultère se décide à se jeter tout habillé sur son lit ; ils sont sans lumière, mais les rayons argentés de la lune éclairent la chambre. Chacun épie les mouvemens de l'autre. Après s'être promené une demi-heure environ, le mari finit aussi par se jeter sur son lit. Mais ni l'un ni l'autre n'osent fermer l'œil.

Vers trois heures du matin, l'adultère, qui n'avait pu résister au sommeil, et qui probablement se voyait en songe poursuivi par le tueur de femme et d'amant, s'élance précipitamment hors de sa couche en criant : « Ah! scélerat! ah! monstre! » Le mari se croit à sa dernière heure, il se précipite hors de son lit et va gagner un des angles de la chambre. L'adultère s'était déjà réfugié dans l'angle opposé, et tous les deux criaient à l'assassin! à l'assassin! Cependant une ronde qui vint à passer dans les environs, entendit leurs cris, et se dirigea aussitôt vers l'endroit d'où ils partaient. On ouvre la chambre, et l'on trouve, blottis chacun dans un coin, deux hommes pâles et tremblans, la bouche béante et les yeux égarés. Les gardiens s'informent, les adversaires s'expliquent, et bientôt il reste démontré jusqu'à l'évidence qu'ils ont été l'un et l'autres dupes d'une double mystification.

L'été, les soirées disparaissent; on les remplace par la promenade dans la cour. Voulez-vous avoir l'idée d'un intérieur de cour à Sainte-Pélagie : depuis sept heures jusqu'à neuf haures du soir, pensez à une récréation de jeunes collégiens, à une chose près cependant, c'est que les pauvres enfans, lorsqu'ils ont bien joué, bien gambadé, n'ont pour tout rafraichissement qu'un verre d'eau, tandis que l'enfant de Sainte-Pélagie, après s'être essuyé le front, peut faire sauter le bouchon et voir son verre se remplir d'une bierre mousseuse. Mais si le prisonnier a cet avantage sur le colégien, il ne laisse pas de lui envier cette demi liberté dont l'antre jouit deux fois pas semaine.

On joue aux barres, aux quatre coins, au rat, au diable boiteux, voire même à saute-mouton. Le matin, à la fraîcheur, on fait des parties de balle. Ne sont-ce pas là tous les jeux de collége? Nous prenions généralement beaucoup de plaisir à voir jouer *au rat*. On aurait entendu voler une mouche dans la cour. Ce jeu, qui n'est peut-être pas très connu de la bonne compagnie, consiste à fixer au milieu de la cour un pieu auquel sont attachées deux cordes d'une quinzaine de pieds de longueur; deux individus auxquels on a bandé les yeux avec un mouchoir tiennent à la main le bout de chacune des cordes. L'un des joueurs est le *chat*, l'autre le *rat*. Suivant l'ordre naturel, le chat poursuit le rat, et lorsqu'il parvient à l'atteindre en se dirigeant du côté où il l'entend, il le fustige vigoureusement d'un mouchoir à gros nœuds qu'il tient à la main. La défense du rat consiste à tenir sa corde à six pouces du sol, afin de pouvoir embarasser les jambes de son ennemi, et de lui faire faire la meileure culbute possible. Lorsque le chat ne sait plus où peut être le rat, il a le droit de demander : *du rat, du rat!* Et le timide animal est obligé de répondre en frottant d'une petite baguette un morceau de bois dentelé qu'il tient à la main. Alors, le chat s'élance, poursuit sa victime, l'atteint quelquefois à l'improviste, mais plus souvent aussi s'enchevêtre dans la corde tendue, et à la grande jubilation des spectateurs, tombe, roule dans la poussière, et se relève rarement sans un notable dommage, aux genoux, aux mains, ou au bout du nez.

Sur l'un des côtés de la cour, et sous la rotonde de la chapelle, un marchand de coco a établi son buffet de raffraichissemens. C'est là que ceux qui n'ont pas le moyen de faire la dépense d'un pot de bierre, vont prendre pour la modique rétribution d'un liard, un énorme verre de limonade à la réglisse.

Le dimanche et les jours de fêtes, l'aspect de Sainte-Pélagie n'est plus le même. Tous les ouvriers sont sur les cours ; chacun crie, chante, vocifère à sa façon. C'est un véritable jour de foire.

A huit heures, l'aumônier arrive ; les portes de la chapelle s'ouvrent, et va à la messe qui veut. C'est toujours une petite messe quelquefois suivie d'une exhortation.

A dix heures, les deux marmites de bouillon destinées aux goipeurs, arrivent dans la cour ; et chacun présente sa gamelle pour recevoir une ration. Le déjeûner terminé, ce qui n'est pas long, vous les voyez se promener par bandes. A leur démarche, à leurs gestes, au temps d'arrêt qu'ils font en marchant, on croit voir une troupe de voleurs méditant, discutant un plan d'attaque. Dans chacun des groupes, on aperçoit un individu à l'œil plus hardi, au maintien le plus effronté ; il occupe le milieu de la bande. C'est ordinairement un forçat libéré ou un habile dans le métier. Il parle argot; la conversation roule sur des projets d'avenir, d'un bon coup à faire en sortant. On cause des roueries du métier; on s'entretient du jour de la liberté; c'est pour eux le point capital.

Pendant que ceux-là se promènent, vous apercevez, çà et là, différens groupes. Ici on joue aux cartes, là c'est au franc carreau : ce dernier jeu consiste à jeter une pièce en l'air, et celui qui retombe le plus près du but gagne la pièce de son adversaire. Mais comme le jeu est défendu, les joueurs ont soin de placer des sentinelles qui les avertissent de l'arrivée des surveillans. On comprend qu'il n'est pas possible que des individus de cette sorte puissent jouer long-temps sans se disputer, aussi cela arrive-t-il très souvent. Un jour que j'étais dans la chambre d'un détenu dont les fenêtres donnaient sur la cour des goipeurs, une dispute s'engagea entre deux joueurs. L'un pouvait avoir 40 ans, l'autre 18.—J'ai gagné, disait le vieux; —Pas vrai, c'est moi, dit le jeune. — Eh! bien, *pigeons* (mesurons), répétaient-ils ensemble : en un instant les voilà l'un et l'autre à genoux dans la boue, mesurant avec une paille : ce moyen, loin d'appaiser la dispute, ne faisait que l'animer. Cependant, après un moment d'hésitation, le jeune dit au vieux :—je t'en fais cadeau, vieux mendiant.—Ah ! regardez donc ce méchant *goipeur*, dirait-on pas qu'il est ici pour avoir volé l'obélisque ; tu peux bien le garder, ton liard, petite corvette démâtée. — Va, va, vieux *frilleux* (poltron dans le métier), va ramasser tes *roumies* (croutes de pain) et des *vestiges* (légumes), car tu t'enlèves joliment (tu as faim). — C'est bon, c'est bon, j'aime mieux m'enlever que de faire ton *truc* (commerce); on te connaît de *Poisse* (Poissy, maison centrale).

Des paroles on en vint aux coups de

poings, et le résultat final fut quarante-huit heures de cachot pour chacun d'eux. C'était payer bien cher la possession du misérable objet de la dispute.

On voit, parmi les goipeurs, une quantité de voleurs de toutes les classes ; il n'est pas rare aussi d'y rencontrer des individus qui ont été deux et trois fois aux galères. Ne croyez pas que ces malheureux rougissent du motif de leur condamnation, vous vous tromperiez : loin de là, ils se font une gloire de ce qu'ils ont fait, et même de ce qu'ils prétendent faire aussitôt leur mise en liberté.

Selon le genre de vols qu'ils exercent, ils prennent les dénominations suivantes ; ce sont : ou des *charrieurs*, des *caroubleurs*, des *roulotiers*, des *bonjouriers*, des *tireurs*, ou enfin des *scionneurs*.

Les *charrieurs* ; ce sont les filous qui échangent de la fausse monnaie contre de bon argent : ce genre de vol est aussi connu sous le nom de vol *à l'américaine*, vol dont les journaux de la capitale ont si souvent l'occasion d'entretenir leurs lecteurs.

Les *caroubleurs*; ce sont ceux qui se servent de fausses clés pour ouvrir les portes, les secrétaires, etc.

Les *roulotiers*; c'est le nom que l'on donne aux voleurs qui exploitent les voitures publiques et les roulages.

Les *bonjouriers*; c'est ainsi que sont désignés ceux qui s'introduisent furtivement, ou sous un prétexte quelconque, dans les hôtels garnis.

Les *tireurs*; les individus de cette classe fréquentent les lieux publics, tels que les boulevarts, les passages, les églises, où il y a généralement beaucoup de monde, et ils profitent de la foule pour escamoter les bourses, les montres, les chaînes, les foulards sont aussi de leur ressort; jamais ils ne sont seuls, ils ont des compères ; leur mise est générelement recherchée.

Les *scionneurs* : ce sont ceux qui assassinent pour voler. Leur arme est généralement un poignard ou un couteau : ils n'emploient pas les armes à feu dont le bruit pourrait les trahir.

La plupart de ces malheureux, lorsqu'ils sont en liberté, habitent le quartier de la Cité, vivant presque tous avec des femmes prostituées. Ils se fréquentent entre eux. Ils ont pris pour devise : Haine aux *pentres* (honnêtes gens). Quand ils arrivent à Sainte-Pélagie, ou dans toute autre prison, ils sont assurés de se trouver en pays de connaissance. Les anciens vont au-devant du nouveau venu, lui demandent comment il a été arrêté ; notez bien qu'on ne lui demande pas ce qu'il a fait, ils le savent d'avance, mais, ce dont il s'informent, c'est de quelle manière il a été arrêté, car pour eux c'est là le plus important ; plus tard cela leur servira de leçon. J'ai été plusieurs fois témoin de ces sortes de réceptions. Tout dernièrement encore, c'était un dimanche, les goipeurs étaient dans la cour, lorsqu'on amena un voleur, arrêté dans la nuit; il fut aussitôt entouré par ses vieilles connaissances : — Comment donc que tu t'es laissé *emballer*, lui demande-t-on de toutes parts? — Voilà la chose, dit l'arrivant. Et aussitôt il se mit à raconter ce qui suit : j'ai conservé le langage d'argot afin que l'on puisse s'en faire une idée :

C'était par un *dix same* (samedi) huit *plombes* (heures) de la *sorgue* (du soir) *dinguaient* (sonnaient) à la cathédrale de *Pantruche* (Paris); il *lansquinait* (pleuvait) *à plus soif* (à verse); je *cavalais* (courrais) en *omnibus percé* (à pied) afin de me trouver au *rende* (rendez-vous). A peine suis-je *enquillé* (entré), que je *rebouise* (vois) un *pègre* (voleur) qui m'avait *reconnoblé* (reconnu) et qui me frappant sur le *rape* (épaule) me *jacte* (demande) en *arguche* (argot) si je n'étais pas le *niers* (l'homme) qui venait d'essuyer un *avarot* (désagrément). La question était épineuse : aussi, sans perdre de temps, je lance sur son *orgue* (individu) mon *chasse américain* (mon œil scrutateur) et pas plus *épaté* (étonné) de *reconnobler* (reconnaître) dans sa *tronche* (figure) un *fague* (forçat) très connu du *grand pré* (le bagne). Aussi, plus de *taff* (peur) et j'accepte le *glacis* (verre) qui m'était *refiquanché* (présenté). Il y avait bien deux *plombes* (heures) que nous *soiffions* (buvions) quand je *remouche* (je vois) *enquier* (entrer) Mandal, dit l'*escarpe* (l'assassin), autre *pègre* (voleur) très connu de mon *orguorum* (de moi), qui sans façon posa la question sur nos moyens de *boulotage* (d'existence). Pour moi, dit-il, je ne suis pas *de la fête* (heureux) ; ni moi non plus, ajoute le nouveau débarqué, et si j'avais les outils que l'on m'a *déplantés* (dénichés), je connais dans *Pantin* (Paris) une *piolle* (une maison) où le *carle* (argent) est *en rompant* (en grande quantité). — *Duffe* (vrai), lui dis-je, eh bien ! j'ai ton affaire; j'ai sur moi deux *jeux* (clés) qui sont *flambans* (excellentes). — C'est bon, dit le *cambrousier* (le nouveau débarqué), en me serrant la *pogne* (la main), c'est *chouette* (fameux). Les *pentres* (bourgeois) sont *décarrés* (partis); arrivés audit endroit, le *larbin* (portier) nous *escrache* (questionne), et nous *jactons* (donnons) aussitôt *un centre à l'estoc* (un faux nom). Nous *enquillons* (entrons); c'était, si j'ai bien *reboursé* (regardé), au second; figurez-vous, *mésigues* (amis), une *lourde* (porte) des mieux *bouclées* (fermées); Mandal *en gaffe* (en faction) au premier, le *bagaffe* (pistolet) *en pogne* (en main) et le *surrin* (poignard) de l'autre : Pour moi et le *fague* (forçat), nous nous mettons en besogne; mais, par malheur, aucune de nos *caroubles* (fausses clés) ne pouvait *débrider* (ouvrir); c'était donc en *groumant* (bisquant), que nous allions *décarrer* (partir), quand Mandal, impatienté, monte, et voyant notre embarras, se met à *rigoler* (à rire), puis tirant de dessous sa *pelure* (redingotte) le *cadet* (pied de biche) et les calles de *rigue* (de rigueur): Vous n'êtes que des *simples* (maladroits), dit-il, en plaçant ses calles; et d'un seul coup de *cadet, la lourde* (porte) fut *esquintée* (forcée). Un silence absolu succéda au silence de notre *fric-frac* (exploit). Notre joie fut extrême en voyant accrochés devant nous de riches *bogues* (montres), de superbes *brides en jonc* (chaînes en or); bon nez, père Sondeur, dit Mandal à voix basse, en fourrant dans ses *valades* (poches) *bogues* (montres), *brides* (chaînes), et la précieuse *fanfure* (tabatière) que M. Lelong avait oubliée. Pour moi, je m'occupais du *burlin* (secrétaire), qui une fois *débridé* (ouvert) laisse voir à mes *chassis épatés* (mes yeux étonnés) des *cigues* (des louis) et des *talbans* (billets de banque). En un clin d'œil tout fut *nétoyé* (enlevé); et *fargués* (chargés) *du fac* (l'argenterie), des *baluchons* (ballots), contenant *chamardes* (chapeaux), *croisans* (gilets), *pelures* (redingottes), *paffs* (chaussures) et *limaces* (chemises); nous nous *isburions* (retirions) en fredonnant : Amis point de *dégoût* (peur), s'il y a de la *morasse* (du danger) ce ne sera pas pour nous. Quand tout-à-coup Mandal, le premier, *tombe en figure* (face à face) avec le *mizure* (le maître) *de la piole* (de la maison), et sans se déconcerter, il lui *pousse* (lance) *en fume* (dans la figure) un léger coup de *cadet* pour l'empêcher *de chiailler* (crier); ainsi débarrassé *du pentre* (bourgeois) *argoté* (malheureux), nous *décarrons* (décampons) *sans pé* (bruit) ; mais par guignon, *la rousse* (les agens de police) *en planque* (cachés) chez le *matzingue* (marchand de vins) du coin, nous voyant si *fargués* (chargés), nous posent leurs *gluoteaux* (la main au collet) ; on nous *ligotte* (attache) ; on nous *emballe* (conduit) chez le *quart d'œil* (le commissaire) qui, sans miséricorde, nous *emballe* à son tour au milieu des *griviers* (soldats) pour la *Préfectange* (la Préfecture), et puis le matin on nous *a éparpillés*, Mandal à la Force, le *fargue* (forçat) aux Madelonnettes, et moi me voilà, et j'espère que dans quatre ou cinq *marques* (mois) *ces messieurs* (les juges) *m'emballeront* (m'enverront) *user le soleil* (au bagne à perpétuité), et *morfier* (manger) *des gourganes* (fèves) *au grand pré* (aux galères).

V.

Arrivée et départ des prisonniers. — L'instruction. — Les transfèremens. — Le 1er mai. — Physionomie de Sainte-Pélagie aux 12 et 13 mai.

> La vie est un voyage.
> (*Vieille chanson.*)

Maintenant, je vais dire un mot sur l'arrivée et le départ des prisonniers. Je parlerai des transfèremens : puis je passerai à la grande question des préventions. Puissent les vérités que je me propose de signaler à cette occasion, trouver un écho auprès des législateurs d'une nation qui se prétend civilisée !

Quand un prisonnier arrive à Sainte-Pélagie, si c'est un malheureux, et s'il est condamné, on le dirige vers le magasin et on lui donne l'habillement de la maison, qui se compose, en hiver, d'une veste et d'un pantalon de drap gris; dans l'été, ces effets sont en toile écrue, sur lesquels est imprimé le mot *prisons*; pour chaussure on lui donne une énorme paire de sabots. Ensuite il reçoit un matelas, une paillasse, deux draps, une couverture, et enfin une gamelle pour mettre ses vivres. Ainsi chargé comme un mulet, il se rend dans la chambre qu'on lui a désignée. Le lendemain, si c'est un condamné, on le place dans un des ateliers où il devra faire un surnumérariat de quinze jours, pendant lesquels il ne gagne rien. Le produit de son travail se partage par moitié entre le contre-maître et le chef des apprentis.

Lorsque l'arrivant a le moyen de payer la Pistole, on le conduit à la chambre qu'il doit occuper, et dont j'ai déjà donné une description suffisante. Si nous suivons le nouveau prisonnier dans sa cellule, nous verrons, si c'est un prévenu, que d'abord il est tout interdit, et que ce n'est qu'avec bien de la peine qu'il prend possession de son chétif domicile. Il s'assied sur son lit, y reste les bras croisés, et demeure ainsi des heures entières, plongé dans une profonde et douloureuse méditation. Mais il est bientôt tiré de sa rêverie par les curieux ou les intrigans, qui viennent lui apporter des consolations qui ne sont pas toutes désintéressées; il n'est pas d'offres de service qu'on ne lui fasse si on lui sent quelqu'argent : heureux s'il peut se dispenser d'accepter, car tôt ou tard ou les lui fera payer!

Interrogé sur la cause de son emprisonnement, il vous répondra, s'il est condamné, que la sentence qui le frappe est une injustice, une infamie, que ses ennemis ont gagné les témoins; jamais homme n'a été condamné aussi injustement. Puis il raconte son affaire jusque dans les moindres détails, et il termine en disant : « Eh ! bien, est-ce que vous m'auriez condamné, vous? »A quoi l'auditoire répond courtoisement et inévitablement :«Non..... c'est une iniquité flagrante.—En attendant, reprend le condamné, on ne m'en a pas moins donné le maximum de la peine.... A-t-on jamais rien vu de pareil.... Mais cela ne fait rien, j'ai des connaissances, j'ai des amis, et j'espère bien ne pas rester ici trois mois. Je vais écrire au ministre, mon avocat lui remettra la lettre; mon avocat d'ailleurs est très bien avec le ministre de la justice ; ils ont fait leurs études ensemble, ils ont passé leur thèse le même jour, ils se tutoient, et bien certainement je serai gracié... Est-ce que je puis rester dans une maison où il y a des voleurs et des assassins ! »

Si l'arrivant est un prévenu, et qu'on lui adresse quelques questions sur la cause de son arrestation, il vous répondra : « Oh! mon affaire n'est rien! Il n'existe aucune charge contre moi.... On ne peut me retenir plus de quelques jours.... Il y aura une ordonnance de non-lieu.... autrement ce serait une injustice que je ferais signaler par tous les journaux... Un de mes amis intimes est rédacteur en chef d'une feuille très-haut placée dans la presse. J'ai de ce côté un appui infaillible, et en outre une infinité de personnes recommandables qui s'intéressent à moi et qui presseront mon affaire auprès du juge d'instruction.

C'est quelque chose de vraiment curieux que de voir l'opinion que chaque prisonnier a de son affaire ; il est, en effet, très rare de trouver même un condamné qui s'avoue coupable; tous sont innocens, tous vont être graciés. Parmi les prévenus, il n'en est pas un seul qui ne compte sur une ordonnance de non-lieu, ou tout au moins sur un acquittement. Passons maintenant aux transfèremens.

Tous les jours de la semaine, le dimanche et le lundi exceptés, la voiture, dite *panier à salade*, arrive sur les dix heures du matin, à la porte de Sainte-Pélagie. Elle vient chercher, pour les conduire au Palais-de-Justice, les prévenus qui sont appelés, soit par le juge d'instruction, soit en vertu d'une citation du procureur du roi, pour comparaître, soit en cour d'assises, soit en cour royale ou en police correctionnelle. Lorsque le *panier à salade* arrive au Palais-de-Justice, les prévenus sont provisoirement déposés dans un espèce de caveau voûté qu'on appelle *souricière*. C'est de là qu'ils sont extraits par un gendarme et conduits à leurs diverses destinations. Vers les six heures, tous les prisonniers amenés le matin sont ramenés à Sainte-Pélagie, même les prévenus acquittés en police correctionnelle. Les accusés déclarés non-coupables par le jury sont immédiatement relâchés s'ils ne sont retenus pour autre cause. Il en est de même pour les appelans absous en Cour royale. Quant aux prévenus acquittés en police correctionnelle, on les ramène à Sainte-Pélagie, parce que, bien que renvoyés par le tribunal, le procureur du roi peut appeler du jugement. Le magistrat a dix jours pour se décider, passé ce temps le détenu est mis en liberté. Cependant il arrive souvent que le procureur du roi ne fait pas appel et donne main-levée de l'écrou avant l'expiration des dix jours, quelquefois même le jour de l'acquittement, si l'avocat du prévenu a pu saisir un moment pour obtenir à l'issue de l'audience, la signature nécessaire à la libération immédiate de son client.

De ce que je viens de dire, il ne faut pas conclure que tous les prévenus sont détenus à Sainte-Pélagie jusqu'au jour de leur jugement. Car ceux qui doivent être traduits en cour d'assises sont transférés à la Conciergerie dix ou douze jours avant leur comparution devant le jury. Quant aux appelans en cour royale, leur transfèrement à la Conciergerie n'a lieu que deux ou trois jours avant leur jugement. Quelques prévenus ou accusés de ces deux catégories obtiennent, mais rarement, de revenir à Sainte-Pélagie jusqu'au jour de l'audience. Cette faveur dépend tout-à-fait du président de la cour.

Lorsqu'un prévenu a été condamné à plus d'un an de prison et qu'il a pu obtenir de rentrer à Sainte-Pélagie, et d'y passer le temps de sa condamnation, il doit verser, comme je l'ai déjà dit, cinquante-quatre francs par trimestre, entre les mains du directeur qui les remet à qui de droit. Sans cela le condamné s'expose à être transféré dans l'une des maisons centrales de

Poissy, de Melun ou du Mont-Saint-Michel. Cette dernière est surtout affectée aux détenus politiques. Elle sert aussi de maison de punition pour les condamnés dont la conduite devient intolérable dans les autres maisons centrales.

C'est assez généralement le soir que les transfèremens ont lieu. Le condamné n'en est prévenu qu'au moment même de son départ, ce qui donne souvent lieu à de grandes discussions. Le transféré n'a pas même le temps de rassembler le peu d'effets qu'il possède, et dont il a quelquefois prêté une partie à ses compagnons d'infortune. Mais tout cela ne fait rien aux guichetiers qui les relancent, les harcellent, ne les perdent pas de vue une minute. Au guichet, les coups de sonnette se succèdent avec rapidité, les gendarmes s'impatientent.
—Pas d'observations, crie-t-on aux transférés, dépêchons, dépêchons! Tout cela se passe en cinq minutes. Un instant après, le

panier à salade roule vers la Conciergerie, où les transférés doivent passer la nuit, pour être, le lendemain, dirigés sur la maison où ils doivent subir le temps de leur peine.

Le 1er mai 1839, jour où, en l'honneur de son saint patron, Louis-Philippe accorde quelques grâces aux prisonniers, plusieurs détenus s'entretenaient avec confiance de l'espoir d'une grâce, ou tout au moins d'une commutation de peine ; quelques-uns surtout avaient une foi entière dans la générosité du roi des Français : pauvres gens! déjà plus d'un porte-manteau avait été preparé, plus d'une disposition de sortie avait été prise, lorsque la sonnette du greffe retentit avec force; un instant après, deux gardiens entraient dans la cellule où nous étions, et annonçaient à quatre des détenus qui comptaient le plus sur une grâce l'ordre de leur transfèrement. Jugez de la figure qu'ils dûrent faire ! — Ce n'est pas possible, s'écriaient-ils, un transfèrement le jour de la fête du roi ! c'est une plaisanterie...!! Et pourtant ce n'était pas une plaisanterie ; rien n'était plus sérieux, et ces habits qu'on avait si bien brossés, et avec lesquels on espérait se pavaner aux Champs-Élysées, furent, le lendemain, confinés dans les magasins de Poissy et de Melun, après avoir été remplacés par la veste et le pantalon gris.

Puisque nous sommes au mois de mai, arrêtons-nous un instant sur les journées des 12 et 13, et jetons un coup-d'œil sur la physionomie de Sainte-Pélagie pendant ces jours d'émeute.

Il était quatre heures de l'après-midi lorsque des détenus qui se promenaient dans les cours crièrent : Entendez-vous, on bat la générale, silence ! silence ! entendez-vous aussi les coups de fusil ?... Paris se soulève !

tant mieux ! tant mieux ! on va venir nous délivrer. A cette vive agitation, succède alors un profond silence ; nous pûmes entendre distinctement battre le rappel, et de distance en distance des feux de peloton. Les gardiens parcourent la prison dans tous les sens : la crainte perce dans tous leurs mouvemens ; les grands dignitaires de Sainte-Pélagie, le directeur, le greffier, le brigadier, courent sur les terrasses, pour tâcher de découvrir ce qui se passe dans la ville ; partout des groupes, se forment ; les conversations s'animent, chacun croit à une prochaine liberté : on se serre la main, on se félicite ; les détenus politiques se réunissent, un rayon d'espérance vient consoler les victimes du juste-milieu. Cependant ces réunions ont alarmé les autorités de la prison. L'ordre est donné pour la fermeture immédiate des corridors et des cellules. Les conversations ne sont plus possibles que par les fenêtres ; mais alors elles prennent une extension que l'on n'ose maîtriser. Le juste-milieu ne trouve pas un seul défenseur; on parle à haute voix de liberté : j'entends de cette liberté dont le prisonnier a soif. Cependant la générale bat toujours, la fusillade redouble, on croit même entendre le canon; l'odeur de la poudre arrive jusque dans nos cellules. C'est alors que le prisonnier de Sainte-Pélagie voit doubler ses espérances. Moi aussi, j'espérais ! N'en déplaise au juste-milieu, cette espèce de parti bâtard qui n'existe que parce qu'il a eu l'impudence de se poser en juge entre deux partis; semblable au Perrin Dandin de la fable, il a mangé l'huître et laissé les écailles aux plaideurs. Mais c'est déjà trop m'occuper de ce juste-milieu, assemblage hideux de parjures et de renégats, qui ne craignent pas de dire avec Talleyrand : J'ai été fidèle à tous les gouvernemens.

Que la fortune cesse d'être favorable au

roi des Français, et vous les verrez, caméléons politiques, encenser aussitôt une nouvelle idole.

Je reviens à mon sujet. Je disais donc que le prisonnier de Sainte-Pélagie voyait doubler ses espérances; et il avait raison d'espérer; car plus d'une fois l'émeute a fait tomber les chaînes du captif. C'est ce qui fait que lorsque la générale bat et que l'airain tonne, la crainte règne dans le cœur de l'homme libre, tandis que l'espérance naît dans celui du prisonnier.

Le 13 au matin, l'ouverture eut lieu comme à l'ordinaire, bien que de temps à autre on entendît encore quelques coups de fusil. A midi, lorsque les visiteurs se présentèrent, on les renvoya en leur annonçant qu'il n'y avait pas de parloir. Ce jour-là, les visites furent beaucoup plus nombreuses que de coutume; chacun avait hâte d'apprendre aux prisonniers ce qui s'était passé dans la capitale.

Vers les deux heures de l'après-midi, une grande agitation règne dans la prison : les détenus qui se trouvent à la *Dette* sont placés à la Détention. Cinquante à soixante personnes traversent les corridors avec des matelas sur le dos, des marmites et des casseroles à la main, se heurtant, se pressans et gagnant le nouveau domicile qui leur est assigné. On ne sait à quoi attribuer ce déménagement. C'est en vain qu'on interroge les gardiens ; ils répondent tous qu'ils ne savent rien. Cependant, vers les six heures du soir, soixante à quatre-vingts personnes, qui avaient été arrêtées dans l'émeute, et que provisoirement on avait déposées à la Conciergerie, entraient mystérieusement à Sainte-Pélagie par l'ancien guichet de la rue de la Clé. Quelques instans après, les chants de la *Marseillaise* et le *Réveil du Peuple* faisaient retentir les échos de la prison ; c'est en vain que le directeur emploie son autorité pour les faire cesser ;

l'exaltation des nouveaux venus est à son comble : ce ne fut que le troisième jour que l'ordre fut rétabli à Sainte-Pélagie par la mise au cachot de quatre à cinq des plus récalcitrans. Telle fut la physionomie de Sainte-Pélagie à l'époque des 12 et 13 mai.

VI.

Des détentions préventives.—Quelles sont les causes auxquelles on doit attribuer la longueur des préventions?— Quels remèdes y aurait-il à opposer à cette plaie sociale?— Quelles sont les conséquences fâcheuses qui peuvent résulter des longues préventions pour la morale, la justice et la liberté individuelle?—Est-il possible de dédommager l'innocent des résultats fâcheux qu'entraîne nécessairement la longueur des préventions? — Inconvéniens qui résultent pour la justice et le prévenu de l'éloignement des maisons de prévention du Palais-de-Justice. — Résumé de la question. — Considérations générales.

> Une injustice faite à un seul homme est une menace pour tout le monde.
> (*Pensées de Confucius.*)
> Pour qui connaît les misères humaines, mourir n'est pas le plus grand des malheurs.
> (DESHOULIÈRES.)

Je vais maintenant aborder la grave question des détentions préventives : il en est peu d'aussi importantes, et qui intéressent davantage la sûreté individuelle, et même la sûreté publique. C'est un point capital, sur lequel l'attention des économistes et des jurisconsultes est fixée depuis longtemps, et dont l'examen devient tellement indispensable aujourd'hui, que le ministère vient d'exhumer de la poussière des bureaux parlementaires une proposition à ce sujet, que de hautes influences feront probablement rentrer dans l'oubli, tant ce qui intéresse la liberté individuelle effarouche de certaines gens.

Lorsqu'un individu est accusé d'un crime ou d'un délit, il est arrêté en vertu d'un mandat d'amener, puis écroué dans une maison d'arrêt. Alors, l'instruction de l'affaire est confiée à un juge chargé de l'examiner ; lorsq celui-ci a fixé son equuênte, il rédige ses conclusions, qui tendent, soit au renvoi de l'inculpé en cour d'assises ou en police correctionnelle, soit à sa mise immédiate en liberté; il remet ensuite les pièces de la procédure à un substitut du procureur du roi, qui fait un rapport à la chambre du conseil, laquelle prononce une ordonnance de non-lieu ou un renvoi devant le tribunal compétent. Pendant que tout cela se passe, innocent ou coupable, l'inculpé gémit sous les verroux, et cependant, tant qu'il ne sera pas condamné, il n'est pas coupable; la société attend un verdict de condamnation pour le repousser de son sein; jusque-là le prévenu lui appartiendra : l'humanité réclame impérieusement un prompt jugement, et repousse cet acte de barbarie qui retient un an, deux ans et même trois, dans l'état de prévention un malheureux, quelquefois père de famille, et dont plus tard, peut-être, un acquittement solennel proclamera l'innocence.

Et qu'on ne m'accuse pas d'exagération, quand je dis trois ans; au moment même où j'écris, on voit sur les bancs de la cour d'assises trois accusés, les frères Widman et Perron-Donadieu, qui ont subi une prévention de trente-sept mois : c'est à Sainte-Pélagie que ce dernier a passé ces trente-sept mois. Quand je me constituai dans cette prison, en avril 1837, il y avait déjà cinq mois qu'il était à Sainte-Pélagie; j'y suis revenu vingt-deux mois plus tard et je l'y ai retrouvé, et ce n'est que six mois après qu'il est parti pour la Conciergerie. On voit maintenant à Sainte-Pélagie un détenu qui a fait une prévention de près de six années. Et c'est dans un pays civilisé que se passent de telles choses ! Que diraient donc ces peuples sauvages, à peine encore au crépuscule de la civilisation, s'ils savaient que chez une nation qui se dit amie des progrès et des lumières, on peut impunément jeter dans une prison un honnête homme sur un simple soupçon, et cela pendant des années, parce qu'il n'y a pas assez de juges? Ils diraient : ou cette nation est bien pauvre d'hommes probes et éclairés, puisque dans son sein il ne s'en trouve pas d'assez capables pour faire des juges ; ou bien ils diraient encore : il faut qu'elle soit d'une fécondité bien déplorable en criminels, pour que le nombre de ses juges ne suffise pas à punir tous les crimes qui s'y commettent. N'auraient-ils pas raison, ces peuples sauvages, de conclure que ce pays est loin d'avoir atteint le degré de civilisation dont il se flatte?

Au moment où une commission se réunit pour examiner les améliorations à introduire dans les lois qui touchent la liberté individuelle, il ne sera pas inutile de rechercher les causes auxquelles on doit attribuer le nombre et la longueur des préventions, si fâcheuses pour la justice, la morale et la liberté de tous.

Nous trouvons en première ligne l'accroissement sensible qui se fait sentir, depuis 1830, dans le nombre des affaires criminelles et correctionnelles. Si seulement nous prenons pour terme de comparaison les trois années qui viennent de s'écouler, nous voyons, d'après le tableau que M. de Belleyme a fait dresser, sur les tableaux du tribunal de première instance de la Seine, pendant l'année 1839, qu'en 1837 le nombre des jugemens correctionnels a été, dans ce seul département, de sept mille cinq cent douze; en 1838, de huit mille trois cent trois; et enfin, en 1839, de neuf mille cinq cent dix-sept : ce qui fait deux mille cinq cents jugemens de plus qu'en 1837, et mille deux cent quatre-vingts quatorze de plus qu'en 1838.

Une autre cause de ces déplorables retards, c'est l'insuffisance de seize juges pour instruire toutes ces procédures, conséquence nécessaire de cette effrayante progression. Je vois, toujours d'après le tableau de M.

de Belleyme, que le terme moyen des instructions pour chaque juge, pendant l'année 1839, a été de quatre cent trente. A la fin de l'année judiciaire, il restait seize cent soixante-deux procédures, qui n'avaient pas été terminées dans l'année 1839 : ces seize cent soixante-deux procédures, distribuées entre les seize juges d'instruction donnent un terme moyen de cent-huit procédures encore à instruire par chaque juge.

Le nombre des affaires enregistrées au petit parquet pendant l'année 1839 a été de huit mille deux cent quatre-vingt-dix. Selon les proportions progressives, ce chiffre, dans l'année 1840, devra s'élever à neuf mille. Mais nous avons un arriéré de seize cent soixante-deux procédures. Ce sera donc dix mille six cent soixante-deux procédures qui, réparties entre les seize juges d'instruction, donneront un terme moyen de six cent soixante-six instructions par juge. Or, nous avons vu qu'en 1839 le terme moyen était de quatre cent trente, et qu'il restait au premier novembre 1839 seize cent soixante-deux causes à juger; il est donc probable qu'au premier novembre 1840, toujours en admettant la proportion progressive, il restera au moins *deux mille cinq cents* procédures qui n'auront pu être jugées. Et qui peut savoir où s'arrêtera, les années suivantes, cette effrayante progression, si on n'augmente pas le nombre des juges d'instruction.

Ne serait-il pas de toute justice qu'on ouvrît l'année judiciaire par l'instruction et le jugement des causes arriérées? Certainement; mais malheureusement l'impartialité n'est pas toujours la devise des juges d'instruction; c'est une petite cour que le cabinet de ces magistrats : les recommandations, la position sociale du prévenu, les courbettes et les considérations de plus d'une espèce, ont plus d'une fois stimulé tel ou tel juge d'instruction. On a vu de grands coupables faire le temps de leur prévention chez eux, Cleeman, par exemple; j'ai vu aussi plusieurs prévenus passer en jugement après deux mois seulement de prévention, tandis qu'on retenait sous les verroux, depuis quinze à dix-huit mois, d'autres prévenus dont on n'avait pas eu le temps de s'occuper. Il n'y a qu'un instant encore qu'on vient de rendre à la liberté, en vertu d'un mandat de non-lieu, M. Beau..., vieillard sexagénaire. Il avait été arrêté à Nîmes et conduit ignominieusement à Paris par la gendarmerie, les menottes au poignet; c'est dans cet état que ce malheureux a dû faire plus de cent lieues en compagnie de ce que la société a de plus dégoûtant; il est resté quatorze mois sous les verroux de Sainte-Pélagie, en attendant qu'il plût à son juge d'instruction, M. Z..., de reconnaître qu'on avait agi avec trop de légèreté, pour ne pas dire davantage, dans l'arrestation de ce vieillard, dont tous les prisonniers de Sainte-Pélagie ont pu apprécier les mœurs douces et irréprochables.

Après de tels faits, viendra-t-on nous dire que la liberté individuelle est sacrée en France? Je ne le pense pas.

Non seulement on a des négligences et des lenteurs inexcusables à reprocher au parquet, mais il y a quelque chose de plus déplorable encore, ce sont des oublis.

Nous avons vu ici un nommé L..., victime d'un de ces oublis du parquet. Cet homme, arrêté sous la prévention d'un abus de confiance de la plus minime importance, avait été interrogé le jour de son arrestation et envoyé à Sainte-Pélagie.

Un, deux, trois, enfin huit mois s'écoulent sans que L... soit de nouveau appelé par son juge d'instruction. Ses co-détenus, surpris d'une telle lenteur dans la procédure, le tourmentent pour qu'il adresse une réclamation au magistrat qui vient chaque mois visiter la prison et recevoir les observations que les détenus peuvent avoir à présenter.

L..... exposa sa situation au juge qui en parut frappé, et enregistra sa réclamation. Le lendemain L..... fut appelé au Palais. Le magistrat chargé de l'instruction ne se rappelait plus ni l'homme ni l'affaire. On fouilla tous les cartons, on remua tous les dossiers, et on finit par trouver celui qui concernait L...... On lui fit subir un nouvel interrogatoire, et ses explications furent tellement satisfaisantes que le lendemain il était relâché. En attendant, il était resté ici huit mois, en butte à toutes les misères, à toutes les privations de la prison, et il y serait encore si on eût attendu que la justice reconnût d'elle-même l'innocence de cet homme.

Toutes les causes n'ont pas le même attrait pour messieurs les juges d'instruction. Ainsi telle cause difficile et compliquée qui ne sera pas bien comprise sera mise de côté pour être examinée plus tard; par cela même l'affaire deviendra plus difficile; ce retard aura nécessairement mis un obstacle à la découverte de la vérité par suite de l'éloignement des faits incriminés, de l'affaiblissement des preuves et de la déposition des témoins.

Quelle que soit du reste la sagacité des juges d'instruction, il leur est impossible, au milieu des dossiers qui s'accumulent chaque jour autour d'eux, de suivre avec tout le soin qu'elles exigent des procédures difficiles et embrouillées. Si ces lenteurs ne compromettaient pas la liberté des individus, il n'y aurait que demi-mal; mais malheureusement elle prolongent pendant des mois, des années même, comme nous l'avons vu précédemment, des détentions préventives qui souvent se terminent par des ordonnances de non-lieu, ou par une condamnation à quelques mois de prison. J'ai connu à Sainte-Pélagie deux détenus qui furent condamnés à un mois de prison après avoir fait une prévention de treize mois. Ces exemples ne sont pas rares.

Ces longues préventions sont aussi la cause d'un déficit considérable dans le budget de la ville de Paris. Ainsi, par exemple, les dépenses occasionées en 1837 par les détentions préventives a excédé celles des années précédentes de deux cent quatre-vingt-quinze mille francs, et il y a encore eu progression en 1838 et 1839. Il est facile de voir par ce chiffre ce qu'a dû souffrir la liberté des revenus.

Et cependant quelque longue qu'ait été la prévention, il arrive souvent que dans l'application de la peine, les juges n'en tiennent aucun compte ; j'ai vu plusieurs détenus qui, bien qu'ils eussent fait une prévention de quinze à dix huit mois, avaient cependant été condamnés au maximum de la peine. Pour celui qu'un arrêt doit frapper d'une peine capitale, une longue prévention lèse encore les intérêts de la société, qui a le droit de s'en prendre à la justice si le criminel vient à s'échapper; et cela arrive quelquefois.

Maintenant que nous avons signalé les causes, voyons s'il n'y a pas quelque remède à opposer à cette plaie sociale.

Nous avons parlé de l'insuffisance du nombre des juges d'instruction. Pourquoi ne pas augmenter ce nombre? Quand on le doublerait même ce serait encore une économie. Car en prenant six mille francs pour terme moyen du traitement des juges d'instruction, on voit qu'une nomination de seize juges n'entraînerait qu'une dépense annuelle de quatre-vingt-seize mille francs; or, nous avons vu précédemment que les dépenses occasionées en 1837 par les détentions préventives ont excédé de deux cent quatre-vingt-quinze mille francs celles des années précédentes, et que la progression a continué dans les années 1838 et 1839. Or, si nous prenons pour terme moyen la somme de trois cent mille francs d'excédant pour chacune de ces trois années, nous avons un total de neuf cent mille francs : partant, si en 1836 on eût créé seize juges d'instruction, le budget du Palais de Justice se serait augmenté de quatre-vingt-seize mille francs par an, ce qui élève à deux cent quatre-vingt-huit mille francs seulement la dépense pendant les années 1837, 38, et 39; mais d'un autre côté aussi, on aurait économisé neuf cent mille francs, excédant de dépense pendant ces trois années; puis aussi la longueur des préventions aurait été diminuée de moitié. Il serait donc résulté de cette mesure un double avantage : d'abord une grande économie d'argent, puis mieux que tout cela, la diminution du temps des préventions.

Pourquoi donc le gouvernement a-t-il reculé devant cette nécessité? Eh! mon Dieu, rien n'est plus facile que de répondre à cette question : c'est que le gouvernement de juillet est un gouvernement à bon marché, et que la liberté individuelle est le moindre de ses soucis. Il est vrai qu'en nommant seize juges d'instruction dans le département de la Seine il y aurait une économie évidente de six cent mille francs; mais comme c'est le budget de la ville de Paris qui en profiterait, le gouvernement à bon marché aime mieux garder ses quatre-vingt-seize mille francs que de diminuer les charges qui pèsent sur ses *bons* gardes nationaux. Heureusement qu'ils ont de larges épaules et un dévoûment *chevaleresque* pour la liste civile au rabais.

Ne serait-il pas possible de chercher à diminuer le nombre toujours croissant des affaires qui sont soumises aux chambres correctionnelles? Chaque chambre a tous les jours près de trente affaires à juger, et les magistrats, dans l'impossibilité où ils se trouvent d'épuiser leur rôle, sont obligés de prononcer des remises qui nécessitent de nouveaux frais et de nouveaux délais. « Déjà quelques projets de réforme ont été faits à ce sujet, dit une feuille judiciaire ; on s'est demandé s'il n'était pas un grand nombre de délits actuellement soumis à la juridiction correctionnelle qui devraient être renvoyés à une juridiction plus expéditive, sans cesser pourtant d'offrir les garanties suffisantes. » Cette question assurément est grave ; mais sans l'examiner quant à présent dans tous ses développemens, nous pouvons dire en effet que certains délits qui chaque jour absorbent une grande partie du temps des audiences, tels que ceux de mendicité, de vagabondage, de rupture de ban, etc., pourraient sans inconvénient être transmis à la juridiction municipale.

Il est un point surtout, ce nous semble, qui doit être l'objet d'une réforme : nous voulons parler de l'usage ou plutôt de l'abus des citations directes données en police correctionnelle, qui ne sont le plus souvent qu'un instrument de vengeance ou de spéculation, et auxquelles cependant il faut bien que les tribunaux donnent leur patience et leur temps.

La loi n'a pas voulu qu'une action civile, si peu importante qu'elle fût, pût être introduite sans qu'au préalable les voies de conciliation et de rapprochement fussent tentées ; et elle permet que sans prétexte, sans espoir de succès, on fasse asseoir un honnête homme sur le banc correctionnel ; et il n'est personne qui ne soit exposé à figurer sur cette sellette comme voleur et comme escroc, s'il plaît au premier venu de lancer une assignation à ces fins. Cela est une mauvaise chose ; c'est un abus intolérable du droit de plaider, et nous croyons que de telles actions devraient être soumises, comme les actions civiles, à une comparution préalable devant un magistrat qui ferait en ce cas l'office de conciliateur, sans que cela pût toutefois, quand il échet, arrêter l'exercice de l'action publique. Les audiences se trouveraient ainsi dégagées d'un nombre considérable de procès qui, dans la pensée même de ceux qui les intentent, ne doivent avoir aucun résultat judiciaire.

N'aurait-on pas aussi quelques raisons de se plaindre de l'excessive légèreté que l'on met généralement dans les arrestations? Personne n'a oublié l'odieuse et brutale arrestation des demoiselles Michel et tant d'autres exemples qu'il serait facile de citer.

Ne pourrait-on pas, en remontant plus haut, chercher à prouver par quelques considérations philosophiques et morales, que cette progression de crimes et de délits prend sa source dans les hautes régions sociales ? Quelle confiance en effet peut inspirer un système qui ne connaît d'autre dieu que le veau d'or ; de quel triste exemple ne sont pas pour un peuple volage et ambitieux ces nombreux changemens de portefeuilles où chacun vient puiser à son tour ; ce trafic patent et ignoble des consciences, le procès du prince de Condé, l'histoire scandaleuse des boudjoux, les fouilles des Tuileries et tout récemment encore le procès d'un ex-préfet de police ?

Qu'attendre d'un peuple qui a sous les yeux de tels exemples et en présence duquel se déroulent de pareils faits ? Pourquoi les classes inférieures de la société, qu'un défaut d'éducation prive en grande partie du sens intime du juste et de l'injuste, ne se diraient-elles pas : Puisque ceux qui ont en partage science, lumières et richesses agissent de la sorte, pourquoi ne ferions-nous pas comme eux?

Examinons maintenant les conséquences fâcheuses qui peuvent résulter des longues préventions pour la morale, la justice et la liberté individuelle.

D'abord, dans l'état actuel de nos prisons, la privation momentanée de la liberté n'est pas le seul inconvénient des détentions préventives. Il y a quelque chose de plus dangereux : c'est la démoralisation, c'est la honte qui s'attache à l'homme qui sort d'une prison. Qui nous dit qu'un homme, qu'une mesure précipitée ou injuste prive de sa liberté, ne se laissera pas corrompre par l'atmosphère contagieuse d'une prison? sera-t-il assez fort pour résister au danger de cette vie oisive et commune qui se perpétue malgré tout dans les maisons de prévention; puis quand il rentrera dans la vie privée, quel rôle y jouerat-il ? si c'est un ouvrier, où ira-t-il s'adresser pour obtenir du travail ? il aura beau dire qu'il a été acquitté ou renvoyé sans même avoir été mis en jugement, on lui répondra qu'il n'y a pas de fumée sans feu. Si c'est un commerçant, il obtiendra difficilement, ou pour mieux dire il a perdu à tout jamais la confiance du public; on le montrera du doigt; on dira: méfiez-vous de cet homme.... il sort de prison. Et chacun se refusera à faire la moindre affaire avec lui parce qu'il aura été en prison, ne fût-ce qu'un jour, qu'une heure ! Comment supportera-t-il alors les dédains de la société ? Qui sait ? en cherchant peut-être à se venger du mépris dont il est l'objet. Et qui sait en ce cas où s'arrêtera sa vengeance ! un crime peut-être en sera la funeste conséquence. C'est dès-lors un homme perdu pour toutes relations honnêtes et loyales.

Voilà une partie des graves inconvéniens que peut produire une longue prévention où une arrestation irréfléchie. Mais si, négligeant un instant l'intérêt personnel qui se rattache au prévenu, nous recherchons ce que sa captivité a de cruel et de déplorable pour ses proches, oh! alors c'est là que nous trouverons un long plaidoyer contre la rigueur de la loi, et surtout contre les abus révoltans qu'on en fait. J'ai pu voir à Sainte-Pélagie un exemple plus puissant que tous les argumens.

Vers le mois de février 1839, le nommé N..... est amené à Sainte-Pélagie sous la prévention d'un délit. Il laisse dans la douleur une jeune femme et un enfant en bas-âge : libre, un emploi de deux mille francs dans un bureau permettait à N..... de soutenir sa famille dans une modeste aisance; mais privé de sa liberté et par conséquent de ses appointemens, que deviendra sa malheureuse famille? Que fera-t-elle pour alléger la position du prisonnier qui, convaincu de son innocence, s'attend à sortir d'un jour à l'autre? Trois semaines ont suffi pour faire disparaître les petites économies du ménage. Mme N.... craint d'affliger son mari en lui annonçant qu'elle n'a plus d'argent. Pourtant il faut vivre, il faut payer un loyer qui vient d'écheoir ; on a recours au Mont-de-Piété, et avec ses bijoux, Mme N.... satisfait aux exigences les plus impérieuses. Elle vole aussitôt à Sainte-Pélagie et partage avec le pauvre prisonnier le peu d'argent qui lui reste. De retour chez elle, Mme N.... est moins triste; on ne doit rien, le prisonnier a de l'argent, puis on vivra avec le plus d'économie possible; le mari sortira bientôt de prison; il reprendra son emploi : alors on pourra retrouver cette modeste aisance que l'on a perdue; puis le plaisir de se voir réunis fera oublier le passé. Ainsi pensait la pauvre femme, qui ne savait pas que les vœux et les soupirs du malheureux ne trouvent au Palais de Justice que des cœurs glacés, et ce qu'il y a de pis encore, des lenteurs et des formalités interminables.

Cependant trois mois se sont écoulés, le prévenu a comparu devant son juge d'instruction, qui lui a fait espérer que son affaire ne serait rien; qu'il y aurait probablement une ordonnance de non-lieu rendue en sa faveur. N.... s'empresse d'annoncer cette bonne nouvelle à sa femme, qui en éprouve une grande joie; mais revenue chez elle, le concierge lui rappelle que le terme de son loyer est échu depuis quatre jours. — Je le sais, répond en soupirant la pauvre femme, je paierai ce soir... En même temps elle monte chez elle, prend le peu d'argenterie qui lui reste et sort. Le soir même, comme elle l'avait promis, le montant du loyer fut acquitté. Une faible somme lui reste. Elle espère que cette somme lui suffira jusqu'à la sortie de son mari; mais elle ignorait encore que non seulement le juge d'instruction était surchargé d'un courant d'affaires au-dessus de ses forces, mais qu'il venait encore d'être distrait de ses travaux habituels en recevant l'ordre de s'occuper exclusivement d'une partie des nouvelles procédures, auxquelles venait de donner lieu l'insurrection du 12 mai, déférée à la cour des pairs, et pour lesquelles, disons-le en passant, il eût été plus convenable de ne pas distraire des magistrats dont le temps n'est déjà que trop absorbé.

Et cependant cinq mois devaient encore s'écouler! Pendant ces cinq mois, la détresse de Mme N... devint horrible. Enfin, après une captivité de huit mois, une ordonnance de *non-lieu* rend N.... à la liberté. En sortant de Sainte-Pélagie, il court au logement qu'il occupait lors de son arrestation; mais quel n'est pas son étonnement d'apprendre que sa famille n'y est plus depuis six semaines, époque à laquelle le propriétaire a fait vendre ses meubles pour se payer de son loyer : désespérée, la malheureuse femme s'est retirée dans une mansarde. N.... prend aussitôt la nouvelle adresse, il vole vers sa femme et sa fille, qu'il va presser contre son cœur; arrivé dans la maison qu'elles occupent, N.... monte précipitament les quatre-vingts marches qui conduisent à l'humble mansarde, où il s'attend à trouver le bonheur; il frappe : personne ne répond; cependant on lui affirme que sa femme n'est pas sortie depuis la veille; N.... pâlit : une horrible pensée l'avait saisi. Il brise la porte, se précipite dans la mansarde... personne! Deux réchauds sont au milieu de la chambre; Jenny! Jenny! s'écrie-t-il; en même temps, il s'élance vers un rideau qui masque une alcôve : deux femmes, étendues sur un mauvais grabat, frappent ses regards : N.... reconnaît sa femme et sa fille; il les presse dans ses bras... tout-à-coup il recule, il chancelle, son sang s'est glacé dans ses veines : l'infortuné avait embrassé deux cadavres.. ! ! !

Un instant après, sur une mauvaise table auprès du lit, N.... aperçoit une lettre. Elle était à son adresse, à Sainte-Pélagie. Il se hâte de l'ouvrir; elle était ainsi conçue :

« Pardonne-moi, mon ami, si je n'ai pas eu le courage de vivre; j'ai lutté tant que j'ai pu contre l'adversité, qui n'a cessé de nous poursuivre depuis ton injuste arrestation... J'ai épuisé toutes mes ressources... Voilà bientôt un mois que nous ne vivons que de pain et d'eau... Depuis vingt-quatre heures mon Élisa... ne cesse de me répéter : — j'ai bien faim, maman... Pauvre enfant! Et je n'ai rien à lui donner...! Mon Dieu, inspirez-moi ce qu'il faut faire?.. Une idée infernale s'est présentée à mon esprit...; je suis sortie et... Non, je ne te dirai rien, car tu me maudirais... Je me trompe..., tu ne me maudiras pas, car j'ai eu la force de résister... Je me suis rendue sur les boulevarts... j'ai longé les trottoirs... et, le dirai-je...? j'ai voulu acheter un peu de pain au prix de mon déshonneur...! Mais rassure-toi..., j'ai frémi à temps de la pensée criminelle que j'avais eue... Je suis revenue auprès de ma fille... J'ai préféré la mort à l'infamie... Je vais mourir... Dieu me pardonnera peut-être : tu prieras pour moi.

« Adieu! pardonnes à ta malheureuse femme qui n'a pas eu le courage de braver les douleurs d'une plus longue agonie! »

Légèreté dans les arrestations, négligences dans les instructions, encombrement de procédures, lenteurs, retards, oublis, voilà les faits que vous portez; sans vous, le prévenu ne serait pas si souvent autorisé à dire à la justice du pays : Justice, tu es injuste! car j'étais innocent, et cependant tu m'as assimilé pendant des mois, des années aux plus grands criminels, tu m'as ruiné, tu m'as perdu en appelant sur moi le mépris de mes concitoyens; mais cela ne te suffit pas toujours, quelquefois encore il te faut des cadavres.

Maintenant, nous nous demanderons s'il y a possibilité de dédommager l'innocent des funestes résultats qu'entraîne nécessairement une longue prévention : nous répondrons sans hésiter : Non!... En effet, comment lui rendrez-vous la considération dont il jouissait dans le monde avant son arrestation; considération qu'on lui refuse maintenant parce qu'il sort de prison. Comment lui rendrez-vous la position sociale que vous lui avez enlevée? Comment, enfin, déracinerez-vous le vice qui, peut-être sera infiltré dans son cœur par le contact impur des grands criminels avec lesquels vous l'avez contraint à passer une portion de sa vie : car ce n'est jamais sans xposer sa moralité qu'un honnête homme a passé quelque temps dans l'atmosphère contagieuse d'une prison.

Remarquons encore que les longs retards dans l'instruction des procédures n'ont généralement lieu que dans les affaires les moins importantes; car l'instruction des grands crimes se poursuit avec une activité extraordinaire : Lacenaire, Soufflard, Lesage, et tant d'autres, n'ont fait que quelques mois de prévention. Pourquoi cela ? C'est que de telles affaires ont du retentissement dans le monde judiciaire, c'est que ce sont, en terme de barreau, de belles affaires, où les procureurs du roi et les avocats-généraux vont donner un libre essor à leur loquacité, vont user toutes les figures de réthorique, pour obtenir la tête d'un criminel que l'opinion publique a condamné d'avance.

Avant de terminer ce chapitre il me reste à signaler un inconvénient qui résulte pour la justice et les prévenus de l'éloignement des lieux de prévention du Palais-de-Justice.

Pour la justice : parce qu'il arrive quelquefois, lorsqu'un prévenu est appelé par un juge d'instruction, qu'il s'échappe dans le trajet à parcourir de la prison où il se trouve, au Palais-de-Justice.

Pour le prévenu : parce qu'il est exposé au supplice de voyager dans le *panier à salade*, en compagnie de voleurs et d'assassins, toutes les fois qu'il plait à son juge de le faire appeler.

Il serait à désirer qu'il y eût une maison de prévention uniquement affectée aux prévenus ; que cette prison fût divisée en trois corps de batimens, exempts de toute communication, ce qui permettrait d'étabir trois catégories de prévenus, de telle sorte qu'un prévenu pour une faute légère ne pût pas se trouver confondu avec des escrocs, des voleurs de profession ou des assassins. Il serait aussi à désirer que cette prison fût établie le plus près possible du Palais-de-Justice, par exemple sur l'emplacement de la place Dauphine et de la cour du Harlay, et si l'on y ajoute le terrain occupé par les bâtimens qui environnent le Palais, on aura une étendue suffisante pour construire une vaste prison dont les avantages seraient inappréciables.

Il résulterait de cette mesure, s'il elle était adoptée, d'abord, que l'on éviterait les transfèremens; de là, économie d'argent, économie de temps pour les juges d'instruction, qui auraeint toujours sous la main les prévenus dont ils auraient besoin; on épargnerait au prévenu l'humiliation du *panier à salade*, plus cruelle mille fois que la privation de la liberté, le séjour de six à huit heures qu'il est obligé de faire dans la *Souricière*, au milieu de ce que toutes les prisons de Paris vomissent de plus hideux;

il n'arriverait pas, comme cela se voit souvent, qu'un juge d'instruction qui a fait venir un prévenu, croyant pouvoir l'interroger, soit obligé de remettre l'interrogatoire au lendemain, soit qu'il n'ait pas eu le temps de s'en occuper, soit qu'un témoin n'ait pas répondu à la citation qui lui a été donnée. On a vu des prévenus être appelés sept ou huit jours de suite sans obtenir un interrogatoire. Et enfin un avantage immense pour la société, c'est que l'évasion d'un coupable deviendrait impossible.

Si, maintenant, nous résumons la grande question que nous venons d'ébaucher, nous voyons que les seuls moyens de diminuer le nombre et la durée des détentions préventiv s sont :

Pour le nombre : moins de légéreté, de la part du magistrat, à délivrer des mandats d'arrestation, et plus de réserve dans l'admission des plaintes, bien ou mal fondées, qui sont journellement portées au parquet.

Pour la durée : l'augmentation du nombre des juges d'instruction, non moins avantageuse sous le rapport de l'économie que sous le rapport de l'humanité;

Le prompt examen des délits qui ne présentent rien de grave, ce qui aurait l'immense avantage d'abréger la captivité de l'innocent, examen que l'humanité réclame et que commande la justice;

Le renvoi devant la juridiction municipale des délits de mendicité, des ruptures de ban, de vagabondage, etc., etc, que l'on peut juger sommairement;

La création d'une chambre de conciliation, à laquelle seraient préalablement soumises toutes citations directes.

Enfin, nous terminerons par cette considération générale, celle du bon exemple que doivent au peuple les hommes appelés à le gouverner, et qui ont reçu l'importante et sainte mission de distribuer la justice. Que les hauts fonctionnaires de l'état soient des hommes de capacité et de mœurs inattaquables; que les régions inférieures de l'administration soient occupées par des agens consciencieux, dont les vertus rayonneront vers le peuple, et bientôt l'on verra diminuer le nombre des accusations criminelles; alors les prisons deviendront trop grandes et les cabinets des juges d'instruction cesseront d'être encombrés.

VII.

Quelle influence exerce la prison sur le physique et sur le moral des détenus? — La prison peut-elle changer les convictions politiques? — Quel effet moral doit-on attendre de la privation de la liberté? —Aucun espoir de conversion ne repose sur les détenus d'un âge avancé, à moins qu'ils ne soient à leur première faute.—Le doyen des voleurs.

> Les cœurs opprimés ne sont jamais soumis.
> (VOLTAIRE.)

Quelle influence la prison exerce-t-elle sur le physique et sur le moral des détenus?

Tous les prisonniers ne perçoivent pas d'une manière égale les impressions de la

captivité : il en est pour lesquels un mois
de détention est un véritable supplice qu'ils
ont peine à supporter. D'autres voient s'é-
couler avec assez de résignation le temps
de leur condamnation; quelques-uns enfin
s'apercevraient à peine de leur captivité,
si deux fois par jour ils n'entendaient crier
les verroux de leur porte ; j'en ai déjà
donné quelques exemples.

Dans la première catégorie nous trouvons les hommes indolens qui ne savent
ou ne veulent pas s'occuper ; la plupart,
n'ayant aucune ressource du dehors, sont
forcés de se contenter des vivres de la prison : tous les soirs, en se couchant, ils ef-
facent un jour sur l'almanach, et disent en
soupirant : « Mon Dieu, que les jours sont
longs! » Ceux-là méritent leur sort ; qu'ils
s'occupent, le travail sera pour eux un sujet de distraction ; pour eux les jours s'écou-
leront avec plus de rapidité. Ils le savent

bien, mais la paresse l'emporte sur le raisonnement.

Il en est d'autres qui emploient une partie du jour à écrire des lettres presque toutes inutiles, et auxquelles il est bien rarement répondu. Quand on les aperçoit, on voit l'ennui percer dans tous leurs traits; c'est plus que l'ennui, c'est le remords, le chagrin qui les rongent. Ce sont généralement des pères de famille, des commerçans qu'une faute quelquefois légère a conduits à Sainte-Pélagie. Ils ont raison d'être tristes, car ils croient sans cesse entendre les reproches d'une honnête famille qu'ils pensent avoir déshonorée. Ils voient continuellement la tache qu'ils ont laissée sur le front de leurs enfans. Mais le remords est une preuve du repentir : Dieu leur pardonnera, et la société pourra les admettre un jour dans son sein.

La deuxième catégorie offre les hommes laborieux qui ont adopté le travail pour compagnon d'infortune, et qui passent avec lui une grande partie de leur temps. J'ai déjà fait connaître les différens genres d'occupation en usage à Sainte-Pélagie. Ces prisonniers sont généralement d'une humeur gaie; ils se nourrissent assez bien, et font rarement un repas sans faire honneur au petit vin de la cantine ou du marchand de vin de la rue de la Clé. Le dimanche, ils se réunissent pour dire adieu à la semaine qui vient de s'écouler, et noient dans une modeste libation les soucis de la captivité. Pour eux le temps passe inaperçu.

Enfin, dans la troisième catégorie, nous voyons les détenus qui, loin de s'ennuyer, trouvent encore des consolations sous les verroux de la prison. J'en ai cité deux exemples, et ce ne sont pas les seuls. C'est dans cette catégorie qu'on peut généralement placer les prisonniers pour délits politiques et pour délits de presse. Pour ceux-là, la prison n'est point une punition;

car par ce mot on doit entendre l'expiation d'une faute ; et, pour qu'il y ait faute, il faut avoir agi contre sa conscience : or, le prisonnier politique a suivi la route tracée par ses convictions ; s'il est dans l'erreur, ce n'est pas sa faute. Voilà pourquoi la prison n'est pas pour lui l'occasion de gémir, mais bien celle de plaindre ceux qui ont demandé sa condamnation ; car si maintenant ils sont au pouvoir, c'est qu'ils ont conspiré, eux aussi, mais à l'ombre et sous un manteau hypocrite ; ils ont sapé les fondemens d'un trône qu'ils avaient solennellement juré de défendre.

Au prisonnier politique, l'espérance : à ses juges, ce que de droit.....

Espère-t-on par la prison changer les convictions de l'homme, on n'y arrivera jamais : si la religion a ses martyrs, la politique aussi a les siens : Charrette, La Rochejaquelein, Cathelineau, d'Elbée, etc., sont des noms qui feront toujours vibrer le cœur des enfans de la monarchie de Saint-Louis. La mort d'un premier La Rochejaquelin a-t-elle empêché qu'un second La Rochejaquelin mourût en 1815 pour ses convictions ; a-t-elle empêché, en 1832, qu'une femme n'arborât, dans la Vendée, le drapeau de Saint-Louis ? Non !...

La mort de Philippe-Egalité, condamné par les siens, a-t-elle empêché qu'un autre Philippe ne préférât le titre de roi des Français à celui de premier prince du sang ? Non. On ne peut donc pas changer les convictions.

Chez quelques détenus on voit les facultés intellectuelles baisser insensiblement. Chez celui-ci, c'est le remords, c'est le malheur, c'est le déshonneur dans lequel il vient de précipiter sa famille qui agit sur son moral ; chez celui-là, c'est une condamnation injuste, c'est la perspective d'une longue détention qui se déroule devant lui comme une route étroite et semée d'écueils, à l'extrémité de laquelle il n'aperçoit que le mépris qui l'attend et la réprobation générale, cortége effrayant qui doit l'accompagner jusqu'au tombeau.

Chez d'autres, au contraire, les facultés intellectuelles semblent se développer avec plus d'énergie qu'au sein même de la liberté. Que de volumes doivent le jour à l'influence de la captivité ! En effet, quoi de plus propre à stimuler le génie que l'isolement ? Tandis que le corps est prisonnier, le génie prend son essor et va chercher des inspirations dans le vaste domaine de l'imagination.

Parmi les œuvres de William Davenant, qui sauva la vie à Milton, sous le règne du protecteur, le seul qui mérite de lui survivre est, sans contredit, le poème intitulé le *Condibert*, qu'il termina dans un cachot du château de Carlsbrooke, où l'avait jeté Cromwell.

Ce fut aussi dans un cachot que l'auteur de *Don Quichotte* commença son immortel ouvrage. Les jurisconsultes anglais citent avec orgueil *Fleta*, qui fut composé par un avocat dans les prisons de Fleet. Polignac fit, sous les verroux, son *Anti-Lucrèce*.

La prison de Newgate vit naître *Robinson Crusoé*; Wicquefort fit dans une prison d'état son *Traité des Ambassades*.

Ce fut ausi en prison que Raleigh composa son *Histoire du Monde*, que Voltaire traça le plan de la *Henriade*; Selden, Bayle, et Sydenham, ont fait en prison leurs meilleurs ouvrages. N'est-ce pas aussi à Sainte-Pélagie que s'est inspiré Béranger ?

Si nous examinons maintenant l'effet moral que l'on doit attendre de la privation de la liberté, il nous sera facile de prouver que rarement la prison a ramené au bien celui qui s'en est éloigné, et que souvent même elle a fait d'un homme honnête, mais faible, un homme vicieux. La première cause, c'est la flétrissure qui accompagne et suit la détention; viennent ensuite les exemples nombreux de corruption : ce sont ces dégoûtantes réunions, toujours présidées par les détenus les plus tarés, qui ordinairement font loi dans les prisons; là des leçons de vol sont données ; on s'instruit sur les moyens d'éluder la loi; on se fortifie mutuellement dans le crime, et la contagion morale se propage avec une rapidité effrayante.

Cette règle n'est cependant pas sans exception. Peu de jours après mon entrée à Sainte-Pélagie, j'eus occasion de voir un prisonnier de la classe des incorrigibles. Sa figure avait quelque chose de sinistre, son regard était sombre, il marchait toujours la tête baissée : on eût dit qu'il méditait un crime; il était âgé d'environ trente ans; franchement et profondément scélérat, il ne récusait pas la justice de la condamnation qui l'avait frappé; au contraire, il semblait s'en faire honneur; son cynisme faisait frémir.

Ce malheureux, cependant, appartenait à une honnête famille de l'Artois. Lorsque son âge le mit sur les rangs de la conscription, il eut un bon numéro. Son père et sa mère furent au comble de la joie, mais cette joie fut de courte durée; car peu de jours après il se dirigea, sans les consulter, vers un bureau de placement, et consentit, moyennant une somme de 1200 francs, à servir pour un autre. Le voilà soldat; quelques mois après son arrivée au corps, sa mauvaise conduite l'envoya pour deux ans aux compagnies de discipline. Sa punition expirée, il fut dirigé dans un autre régiment; mais il n'y resta pas long-temps, car un vol qu'il commit au préjudice de l'un de ses camarades lui valut cinq ans de travaux forcés.

Après avoir passé ce temps au bagne de Rochefort, Rimbert, c'est le nom que je lui donnerai, se retira à Paris pour y exercer ce qu'il appelait sa profession de voleur ; mais la justice qui veille ne lui en laissa pas le temps ; ayant été dénoncé, il crut prudent de s'éloigner de Paris, mais au moment où il se disposait à partir il fut arrêté, et il se vit par suite condamné une seconde fois à une année d'emprisonnement.

Il y avait déjà cinq mois que Rimbert était à Sainte-Pélagie lorsque j'y arrivai ; c'est lui-même qui, quelques jours plus tard, m'a donné les détails qui précèdent, je ne dirai pas en rougissant, car il en était incapable ; au contraire, il s'énorguillissait de ce qu'il appelait ses hauts faits. Le vice était tellement enraciné dans son cœur qu'il n'y avait plus de place pour le remords.

Quand vous volez, lui dis-je un jour, ne croyez-vous pas faire mal, votre conscience n'est-elle pas agitée?—Agitée? répondit-il, et pourquoi? la nature m'a-t-elle condamné à mourir de faim, lorsque tant d'autres ne savent que faire de leur fortune? Les hommes ont fait des lois, il est vrai, mais ces hommes étaient des riches, et si les législateurs eussent été pauvres, certes, ils auraient dit : le riche doit assistance au pauvre qui souffre, et le pauvre n'est pas criminel quand il prend au riche le morceau de pain qu'il destine à son chien. Vous ne connaissez pas encore l'espèce humaine; ajouta-t-il, un jour, peut-être, vous saurez l'apprécier à sa juste valeur.

Qu'on juge de l'effet que durent produire sur moi ces paroles, empreintes d'un tel cynisme; je ne pus les entendre sans frémir. Combien de riches ont été pauvres, lui répondis-je ? N'a-t-on pas vu de simples soldats devenir maréchaux de France ? combien de pauvres ouvriers, à force d'ordre et de travail, ne sont-ils pas devenus chefs d'établissement ? Eh ! bien, est-il juste que le fruit de leur travail devienne la proie de ceux qui n'ont pas le courage de travailler ? Non, vous en conviendrez comme moi.

—C'est vrai, mais il est une classe d'individus que l'espèce humaine doit stygmatiser; je veux parler de ces êtres égoïstes qui, n'ayant rendu aucun service à l'humanité, refusent une faible aumône au malheureux, condamné à implorer leur charité, tandis qu'ils dissipent en débauches une fortune qui ferait le bonheur de vingt familles. Que penser de ce riche qui, gaspillant des sommes énormes pour fêter de prétendus amis qui l'abandonneraient demain s'ils le croyaient ruiné; vient de chasser impitoyablement d'une mansarde une malheureuse famille qui était dans l'impossibilité de payer un terme de vingt francs?

— Laissez à Dieu le soin de punir de semblables êtres.

— Et si Dieu m'avait choisi pour les punir, comme la loi choisit le bourreau qui doit trancher la tête de celui que les tribunaux se croient autorisés à condamner à mort?

— Qui vous dit que Dieu vous a choisi?

— Qui vous dit qu'il ne m'a pas choisi?

— Malheureux? pensez-vous donc, par une philosophie hypocrite, vous blanchir aux yeux de l'honnête homme?

— Et si elle était vraie, cette philosophie!

— Croyez-moi, lui dis-je, vous êtes encore jeune, vous avez reçu quelque instruction et vous avez trop de jugement pour être convaincu de ce que vous dites : le débordement de votre conduite vous a entraîné plus loin que vous ne le pensiez;

mais je suis persuadé que tôt ou tard vous reviendrez à de meilleurs sentimens. Un jour vous irez implorer le pardon de votre vieux père, de cette mère, qui vous ont tant aimé, et que pour prix de leur amour vous plongez tout vivans dans la tombe.

— Pauvre mère, dit Rimbert en secouant deux fois la tête, pauvre mère !

— Vous l'aimez donc encore, cette mère ?

— Si je l'aime ! oh ! oui je l'aime !

— Eh ! bien, si vous l'aimez, pourquoi la faites-vous souffrir ?

Rimbert, il vous reste encore sept mois de prison à faire pour expier vos fautes, sacrifiez-les au repentir, et pensez au bonheur qui peut encore luire pour vous à l'expiration de votre captivité ; alors vous pouvez trouver dans les bras d'un père et d'une mère indulgens le pardon de vos fautes, et devant vous s'ouvrira un nouvel avenir.

Rimbert était pensif. Je profitai de son émotion pour porter un dernier coup. Rimbert, lui dis-je, vous n'êtes plus le même depuis un instant; le souvenir de votre mère infortunée a fait plus que mes paroles, vous ne pouvez le dissimuler, le remède s'est frayé un passage au travers de ce cœur que l'habitude du crime avait rendu plus dur que le marbre; je savais bien, que la nature n'y avait pas perdu tous ses droits. Rimbert, vous n'avez plus qu'un pas à faire pour devenir honnête homme; écoutez-moi, et c'est au nom de votre malheureuse mère que je vous engage à le faire.

—Qu'un pas!.. s'écrie-t-il après un moment de silence, qu'un pas pour devenir honnête homme!.. qu'un pas pour obtenir le pardon de cette pauvre mère que j'ai tant offensée!..... oh! parlez, que faut-il faire?

— Ce qu'il faut faire! il faut, Rimbert, il faut jeter un voile sur votre passé, me promettre à l'instant même de renoncer au crime, qui jusqu'ici n'a cessé de vous précipiter d'abîme en abîme ; de supporter avec résignation les sept mois de captivité qui vous restent encore à faire, et de ne sortir que pour aller vous jeter aux pieds de cette tendre mère que vous avez si cruellement affligée ; alors vous vous efforcerez d'effacer les mauvais jours dont vous avez obscurci son existence; voilà ce qu'il faut faire, et si vous vous en sentez le courage, Rimbert, vous deviendrez un honnête homme, et cette mère que vous aimez tant, cette mère, elle sera heureuse !

— Ma mère heureuse!.. oh!... je vous promets tout et je jure d'être fidèle à ma promesse, Dieu m'en est témoin.... Maintenant, que sept mois vont me paraître longs! mais après... j'embrasserai ma pauvre mère !..

Sept mois après, Rimbert voyait s'ouvrir devant lui les portes de Sainte-Pélagie, il me tendait la main et me la serrait avec force, son regard exprimait un mélange de joie et de reconnaissance, une larme s'échappait de ses yeux. Un instant après il volait vers sa mère!...

Généralement, aucune espérance de conversion ne repose sur les détenus d'un âge avancé, à moins qu'ils ne soient à leur première faute; ils ont vécu et ils mourront dépravés. M. Jay, l'un des auteurs des *Ermites en prison,* ouvrage imprimé en 1823, cite dans un chapitre intitulé *le Doyen des voleurs,* un exemple frappant de cette fatale dépravation. Le héros est un vieillard presque centenaire qui a passé une grande partie de sa vie dans les prisons. Il jetait sur sa longue vie des regards de complaisance, et se flattait de l'espoir de faire parler de lui avant sa mort. Son père avait vécu, disait-il, 125 ans, sa mère 115; en prenant le terme moyen, il espérait vivre 120 ans.

Jusqu'à l'âge de quarante ans il avait exercé en honnête homme la profession de couvreur. Il débuta par le vol d'une superbe montre qu'il avait aperçue par une fenêtre ouverte, en grimpant sur un toit. Dès lors, ce fut un homme perdu.

Le produit de la montre le dispensa de travailler quelques jours. Ce genre d'existence lui parut doux; il cessa de travailler, se lia avec de mauvais sujets qui l'initièrent bientôt dans tous leurs secrets. Tristan avait un système de doctrine à lui. J'emprunte à l'ouvrage que je viens de citer la narration suivante : c'est le père Tristan qui parle.

« Je sais ce que le monde pense de moi, dit-il, on me traite j'en suis sûr avec sévérité, on me regarde avec horreur; cela ne me serait pas arrivé si j'avais vécu à Sparte

Mon industrie, mon intelligence auraient excité l'admiration de mes concitoyens.

« Vous croyez qu'il n'en est pas ainsi en France! Cela est vrai pour de petits voleurs comme moi; mais si j'étais un grand voleur ce serait autrement; eussé-je ruiné d'un seul coup cent familles, si j'avais mis à l'abri mes millions, soit en les plaçant dans les fonds étrangers, soit en les faisant passer sur le compte de ma femme, je ne serais point ici; je me promènerais tranquillement dans mon carrosse à la barbe de mes créanciers, je donnerais des bals magnifiques, je serais peut-être à la tête de quelques gros emprunts, de quelques bonnes fournitures; qui sait si des conseillers d'état ne me parleraient pas avec respect, si des ministres ne me toucheraient pas dans la main? Croyez-vous que je n'aurais pas beaucoup d'amis qui viendraient dîner chez moi et qui élèveraient ma probité jusqu'au troisième ciel?

« Quand je me fus dégoûté de mon métier de couvreur, où je courais le risque de me rompre à chaque instant les bras et les jambes, je me mis à considérer ce qui se passait autour de moi : je ne vis que des dupes et des fripons. Je n'avais pas envie d'être dupe, je devins fripon, de la petite espèce, il est vrai ; je n'avais ni les connaissances, ni les fonds nécessaires pour établir des agences, pour faire ce qu'on appelle des reviremens, pour spéculer sur la fortune publique, et me retirer subtilement au moment favorable. Je ne pouvais nager en grande eau ; je me suis contenté de pêcher en eau trouble ; ne pouvant être voleur en gros, je me suis mis voleur en détail.

« J'eus pourtant un jour la fantaisie de devenir honnête homme. J'avais plus de soixante ans, et je venais d'en passer six en prison.—Tristan, me dis-je en moi-même, profite de cette dernière leçon : tu vois que ton chemin est raboteux ; prends une autre route, mon ami, peut-être tu t'en trouveras bien.

» J'étais ainsi plongé dans la rêverie, lorsque je fus abordé par un de mes anciens camarades qui était devenu, je ne sais comment, valet de service dans la maison d'un prince nouvellement parvenu.

» Je te rencontre à propos, me dit mon camarade; éloignons-nous un peu, je vais te raconter de quoi il s'agit. J'ai découvert, sur le bureau de Monseigneur, à gauche en entrant, un gros portefeuille rempli de billets de banque, et tout près une pile de napoléons en or. Qu'en dis-tu?

— » Je dis, répondis-je aussitôt, que l'or et les billets de Monseigneur viendront dans ma poche, et que nous les partagerons en honnêtes gens, si tu me donnes les renseignemens dont j'ai besoin : raconte-moi ce qui se passe dans l'hôtel. Monseigneur n'a-t-il pas quelques petites réparations à faire sur le toit de sa maison?

— » Non, me dit-il, on ne fait de réparations qu'à son château. J'ai même entendu dire que l'architecte devait, demain dans la journée, venir chercher un plan que Monseigneur a examiné, et qui doit être mis à exécution le plus tôt possible.

— » Cela suffit, répliquai-je, il y aura bien du malheur si je n'accroche pas ce poisson. Bouche close et va-t-en, je crains qu'on ne nous voie ensemble; tâche seulement d'être à la porte pour me faciliter les voies.

» Je réfléchis que c'était là une occasion superbe pour devenir honnête homme. Quand j'aurai cet or, ces billets, qui m'empêchera de laisser les affaires et de vivre tranquille? je m'ennuie d'être toujours en querelle avec la justice, il faut faire une fin.

» Mon plan était bien digéré. Le lendemain je m'habille en architecte subalterne; habit noir, cravate blanche, air modeste et la toise à la main. J'arrive, je demande Monseigneur. Mon camarade crie : « Voilà l'architecte de Monseigneur, on l'attend. » L'huissier m'annonce, je suis introduit dans une pièce sur laquelle ouvre le cabinet du prince, où il causait probablement avec quelque ambassadeur. — Que désirez-vous, me dit-il? — Monseigneur, votre architecte ne pouvant venir lui-même m'a chargé.... — J'entends, répondit-il, je suis à vous; passez dans mon cabinet. J'entre, et dans un clin-d'œil, mon coup est fait. Il fallut toute ma dextérité, car Monseigneur était presque sur mes talons. Son plan était étalé sur la table. Il me le montre et m'explique en détail toutes les rectifications qu'il désire. J'étais sur les épines; je craignais à chaque instant de voir arriver le véritable architecte. Enfin, on annonce à Monseigneur une nouvelle visite; il me donne le plan et me congédie.

« Sûr de mon fait, je descends l'escalier.

Quelques chambres était ouvertes : dans l'une d'elles, j'aperçois, sur une chaise, à l'entrée, un spencer de velours noir. Je saisis celui-ci et le mets dans ma poche. Une maudite servante, que je n'avais pas apperçue, me voit, et crie aussitôt : *Au voleur!* Je veux me sauver ; deux grands coquins de valets m'arrêtent : me voilà pris, on m'enlève mon trésor ; et je suis bientôt condamné pour récidive à dix ans de prison.

« Vous voyez bien, ajoute le père Tristan, que la Fortune ne veut pas que je devienne honnête homme. »

« Ce vieillard, dit M. Jay, dans le cours de sa vie licencieuse, ne s'est jamais exposé à des peines afflictives ou infamantes : jamais d'effraction avec lui, jamais de vols qui envoient un homme aux galères. Quand on lui demande comment il a fait pour éviter les fers ? — C'est, répond-il, que je n'ai jamais travaillé que le Code pénal à la main.

« On assure dans la prison que le père Tristan est riche de cinq à six mille livres de rentes. Mais sa passion pour le larcin est tellement enracinée qu'on croit qu'il ne résistera jamais à une tentation, et qu'il finira par mourir à Poissy où à Sainte-Pélagie. »

Nous avons vu précédemment que les détenus ne perçoivent pas tous d'une manière égale les impressions de la captivité. En effet, la position sociale du prisonnier ne peut pas être sans influence sur la pénalité qui lui a été infligée. Admettons que pour un délit *tout-à-fait identique*, le chef d'une nombreuse famille, ayant aussi peut-être charge de parens, vieillards infirmes et sans fortune, et un célibataire n'ayant au dehors aucun de ces liens, aucun de ces devoirs qui, pour l'homme de cœur, sont la source de mille sensations poignantes, soient l'un et l'autre condamnés à la même peine. Osera-t-on dire que le châtiment est le même, que la distribution pénale est la même, que les effets en sont pareils? Non, sans doute, on n'osera pas le dire. Assurément un chef de maison qui laisse une famille dans le malheur, et peut-être sans ressource aucune ; un chef d'établissement, dont le crédit est perdu, supporteront-ils le temps de leur captivité avec cette indifférence qui accompagne généralement le célibataire placé dans des conditions si différentes?

Donc il n'est pas toujours juste, moralement parlant, d'infliger pour un même délit la même peine à deux hommes dont la position sociale offre si peu d'analogie. Il est vrai que la loi n'a pas prévu cette considération, mais elle a laissé au juge une certaine latitude dans l'application de la peine qui leur permettrait de prendre en considération la position sociale de celui qu'ils vont condamner. Malheureusement il n'en est pas ainsi, car les magistrats ne tiennent nul compte de ces différences, ils ont appliqué la lettre de la loi, ils ont condamné, ils ont fait leur métier, cela leur suffit... Et pourtant le malheureux que la loi frappe avec sévérité, quelque fois même injustement, n'est pas seul atteint : s'il a une femme, des enfans, la même peine ne les aura-t-elle pas frappés en même temps, et plus cruellement encore que le coupable, qui trouvera dans la prison un asile, une existence frugale, il est vrai, mais sa famille aura-t-elle, même cette triste ressource?

Que de déplorables résultats n'a pas occasionés dans les familles la détention infligée à l'un de ses membres, et surtout quand ce membre en était le chef, le soutien! Que de maisons de commerce doivent leur ruine à cette cause !

Lorsque la loi frappe un célibataire, ou

un homme dont la famille jouit d'une fortune indépendante, les conséquences ne sont plus les mêmes. Le condamné souffre seul, ou presque seul, et cela avec une certaine résignation, une tranquillité d'esprit facile à comprendre, car il sait que sa détention ne nuit à personne; il n'a pas une femme, des enfans, un père, peut-être, qui lui demandent du pain.

Il serait donc dans l'intérêt de l'humanité que les juges, avant de prononcer, surtout lorsqu'il s'agit d'un délit de peu de gravité, prissent en considération la position sociale de l'accusé.

VIII.

De l'institution du jury dans les causes politiques. — Système pénitentiaire. — Un mot sur Botany-Bay. — Pourquoi ne pas faire de l'Algérie un Botany-Bay. — Qu'a retiré le gouvernement de juillet de cette belle conquête, dernier legs de la monarchie de St-Louis à la France révolutionnaire ?

> Pour obtenir des têtes, il ne faut qu'un préfet, qu'un président, qu'un procureur-général que le gouvernement peut choisir à son gré parmi des hommes passionnés et sanguinaires.
> (DUPIN jeune.)
>
> Généralement l'administration se borne à écarter tous les citoyens qui par leur opinion politique appartiennent à l'opposition.
> (MARTIN, avocat à la cour de cassation et député.)
>
> Le jury français, formé par les préfets, n'offre aucune garantie.
> (KÉRATRY, député.)

Nous allons maintenant examiner quelles sortes de garanties offre aux accusés politiques l'institution du jury, telle qu'elle est organisée en France. Nous la comparerons avec celle du jury anglais.

Tous les ans, après le 30 septembre, les préfets extraient, *sous leur responsabilité*, des listes générales, une liste pour le service de l'année suivante ; la volonté du préfet est donc le seul arbitre de ce choix. Cette liste est composée du quart de la liste générale, sans pouvoir excéder le nombre de trois cents membres, si ce n'est dans le département de la Seine, où elle est composée de quinze cents ; cette liste est transmise immédiatement par le préfet au ministre de la justice, au premier président de la cour royale et au procureur-général.

Dix jours au moins avant l'ouverture des assises, le premier président de la cour royale tire au sort sur la liste annuelle transmise par le préfet trente-six noms qui forment la liste des jurés pour toute la durée de la session ; il tire en outre quatre jurés supplémentaires.

Un moment avant le jugement, la cour procède au tirage des jurés qui doivent former le jury de jugement. Il n'est pas nécessaire que les quarante jurés soient présens pour que le tirage ait lieu ; il suffit qu'il y en ait trente qui aient répondu à l'appel.

Le président procède lui-même au tirage en présence de l'accusé et du procureur du roi ou de l'avocat-général ; il tire l'un après l'autre les noms de l'urne ; l'accusé et le procureur du roi peuvent les récuser à mesure qu'ils sortent ; les récusations s'arrêtent lorsqu'il ne reste plus que douze jurés, soit que l'accusé ou le ministère public aient épuisé ou non leur droit de récusation, qui s'élève pour chacun d'eux à douze jurés.

On voit que l'institution du jury, telle qu'elle existe en France, est tout à l'avantage du gouvernement, et n'offre aucune garantie aux accusés politiques. Cependant cela ne suffisait pas au gouvernement de juillet; il lui fallait les lois de septembre, les citations directes qui conduisent l'accusé devant le jury sans qu'il ait été, au préalable, statué par une chambre d'accusation, garantie que l'on n'enlève pas même aux plus grands coupables.

Si j'étais *gouvernement*, et que je fusse un de ces gouvernemens auxquels tous les moyens sont bons, voyons comment je m'y prendrais pour faire tourner à mon avantage l'institution du jury, afin d'obtenir la condamnation de tous les accusés politiques qui seraient traduits à sa barre pour avoir osé me dire des vérités, il est vrai, mais qu'il ne me plairait pas d'entendre.

Je commencerais par faire appeler mon préfet de la Seine vers la fin de septembre; je lui dirais : Mon cher préfet, dites-moi combien y a-t-il de jurés inscrits sur la liste du département de la Seine? Mon cher préfet me répondrait 20,000, ou à peu près. Eh! bien, lui dirais-je, vous savez qu'il nous faut 1,500 jurés pour le service du jury de l'année prochaine. Comme la loi vous autorise à extraire ce nombre de la liste générale, agissez dans mon intérêt; surtout faites bien attention, car vous savez que c'est à mon bon plaisir que vous devez le rang élevé que vous occupez dans la hiérarchie des places. Pensez-y bien, et n'oubliez pas qu'il me faut 1,500 jurés dévoués, et il vous est facile de trouver ce chiffre sur les vingt mille qui composent la liste générale : point de légitimistes surtout, pas de républicains, de bonapartistes; ces gens-là nuiraient au progrès des lumières; vous trouverez facilement quinze cents des nôtres. Il y en a tant de ces gens qui sont de tous les gouvernemens : la raison du plus fort est toujours la meilleure. Voilà leur devise, et ils n'ont peut-être pas tort : ce n'est pas que nous en fassions un grand cas; car demain, si une mauvaise étoile venait à se lever pour nous, ils nous abandonneraient pour rester fidèles à leur devise. Pendant que nous les tenons, tirons-en parti. J'avoue qu'il est malheureux de n'avoir à sa remorque que le rebut de tous les partis. Que voulez-vous, c'est la conséquence inévitable de toutes les révolutions. Mais laissons faire, dans dix ans ce ne sera plus la même chose, si toutefois Dieu nous maintient au pouvoir. D'ici là, nous donnerons tant de places, tant de décorations, que nous aurons bientôt la France à nous. Cependant, il est bien dur pour un gouvernement d'acheter ses amis. Que nous importe, au reste, pourvu que nous ayons des régimens, des gardes nationaux, des gardes municipaux, des sergens de ville, et surtout de bons jurés!

Puis quand viendrait la veille d'un jugement politique, je ferais appeler le procureur-général. Je lui dirais : Mon cher procureur, nous avons demain une condamnation à enlever; je compte sur vous; il faut en finir avec nos ennemis. Vous savez qu'il suffit que trente jurés répondent à l'appel pour que le tirage soit légal. Ainsi, voyez si parmi les trente-six jurés titulaires et les quatre supplémentaires il ne se trouve pas de ces gens à vues étroites, à consciences timorées. Écartez-moi cela. Vous en trouverez peu, il est vrai, car mon préfet me répond des 1,500 jurés qu'il a choisis dans la liste générale. Cependant, on ne sait pas ce qui peut arriver : un intrus, un faux-frère peuvent se glisser. N'oublions pas ensuite le grand moyen de la récusation. Allez, vous me répondrez du succès.

Avec de telles mesures, j'arriverais infailliblement à envoyer à Sainte-Pélagie, ou mieux au Mont-St.-Michel, tous les ennemis acharnés de notre ordre de choses.

Voilà ce que je ferais, si j'étais gouvernement, et qui m'en empêcherait? qui oserait se refuser à ma volonté? eh! mon Dieu, personne. Des places rétribuées sont toujours bonnes à garder. Eh! bien, ce que je ferais si j'étais gouvernement, pourquoi d'autres ne le feraient-ils pas?

Ne pourrait-on pas, avec de la bonne volonté et à l'aide de certaines modifications, faire de l'institution du jury un tribunal qui présentât plus de garantie aux accusés politiques? Pour cela il n'y aurait qu'une chose à faire, ce serait de suivre l'exemple de nos voisins d'outre-mer, en y ajoutant toutefois quelques modifications.

En Angleterre, dans les causes politiques, l'accusé seul a le privilége de pouvoir récuser, sans motif, jusques à trente-cinq jurés, c'est-à-dire, *trois jurys* complets moins un juré, tandis que les récusations dirigées sont, au contraire, examinées, approuvées ou rejetées par la cour.

Si, après les récusations et les examens, il ne se trouve pas sur la liste le nombre suffisant de jurés, il est complété en prenant les premières personnes présentes à l'audience : ces nouveaux jurés sont soumis aux mêmes récusations que les autres. Les douze jurés définitivement admis prêtent serment, les yeux *dirigés vers l'accusé*, sur le sort duquel ils vont prononcer.

Ce jury de jugement n'est appelé à statuer sur un procès criminel que quand un premier jury a déjà déclaré que l'accusation était fondée.

Les fonctions du jury d'accusation, appelé le *grand jury*, ne durent que le terme des assises. Il est composé de vingt-trois membres au plus, et de douze au moins, et qui d'ailleurs, quelque soit leur nombre, ne peuvent prononcer une accusation à moins de douze voix.

L'accusé peut être assisté d'un avocat

dès la première comparution devant le magistrat instructeur.

Les décisions doivent être rendues à l'unanimité; ainsi, si un seul juré donne sa voix à l'accusé, cela suffit pour son acquittement.

Si l'institution du jury était établie en France comme elle l'est en Angleterre, nous n'aurions pas si souvent l'occasion de déplorer les condamnations qui frappent si souvent un innocent et dont les exemples trop fréquens sont de terribles leçons pour la justice.

Alors disparaîtrait cet abus qui autorise le préfet de chaque département à extraire sous sa responsabilité, de la liste générale des jurés, un nombre de trois cents pour les départemens et quinze cents pour la circonscription de la Seine. Naturellement les préfèts sont les hommes du gouvernement : sait-on où peut s'étendre leur bon vouloir pour celui qui les salarie?

Je pourrai citer, a dit M. Martin, député, telle ville où un grand nombre d'hommes, aussi recommandables par leur caractère que par leur position sociale, et les fonctions publiques que le choix de leurs concitoyens leur a confié, sont depuis huit ans régulièrement exclus de la liste annuelle dressée par les préfets.

Il serait donc plus juste que le tirage des trente-six jurés eut lieu sur la liste générale : ainsi, je suppose que la liste des jurés du département de la Seine s'élève à vingt mille; eh bien! je voudrais qu'il y eut vingt mille boules, sur chacune desquelles serait inscrit le nom d'un juré, son domicile, etc.

Je voudrais que dix jours avant le jugement d'un accusé politique, on tirât les trente-six jurés dans une urne où seraient déposées ces vingt mille boules, qu'on augmentât le nombre des jurés supplémentaires de telle sorte qu'il se trouvât au moins trente jurés présens lors du tirage du jury de jugement.

Je voudrais que ce tirage eût lieu en présence de l'accusé, et qu'un double de la liste du jury lui fut remise séance tenante.

Lors du tirage du jury de jugement, il serait de l'intérêt de l'accusé, comme cela se pratique en Angleterre, que son droit de récusation pût s'élever à trente-cinq jurés, et que les récusations du procureur du roi fussent examinées, approuvées ou rejetées par la cour, parce qu'il est inique, à mon avis, qu'on vienne retirer à l'accusé la dernière planche de salut qui lui reste.

Je voudrais aussi que l'accusé politique ne pût être condamné à la simple majorité; en Angleterre les condamnations ne peuvent être prononcées qu'à l'unanimité.

Par suite des moyens employés pour arriver aux trente-six jurés qui doivent former le jury de jugement, il est probable qu'il s'en trouve vingt-quatre au pouvoir :

en admettant que les douze autres soient d'opinion contraire au gouvernement, le procureur du roi les récusera infailliblement. Il ne restera donc à l'accusé que la triste perspective d'une condamnation inévitable. Est-ce là de la justice? Non, mille fois non, je le répète! et voilà pourquoi . cité cinq fois devant le jury, j'ai été condamné cinq fois. Voilà pourquoi rarement un accusé politique échappe au verdict de culpabilité quand sa condamnation intéresse le gouvernement.

Ce que je viens de dire, bien que faiblement ébauché, démontre suffisamment que l'institution du jury en France n'offre aucune garantie aux accusés politiques, et qu'un gouvernement, quel qu'il soit, peut s'en servir à son avantage contre la sûreté individuelle. Cependant, depuis dix ans, on ne cesse de répéter que la France est le pays des progrès et des lumières! et de l'autre côté de la Manche, on voit un peuple qui, loin de se plaindre, se félicite de l'institution du jury. C'est que chez ce peuple elle est établie sur des bases équitables, et qu'elle offre à l'accusé comme à la société des garanties suffisantes.

Si l'institution du jury est vicieuse en ce qui concerne les causes politiques, elle n'offre pas cet inconvénient dans les causes criminelles ordinaires. En effet, quel intérêt peuvent avoir les jurés à condamner un innocent. Dans ce cas, aucun esprit de parti, aucune passion ne vient influencer leur conscience; mais s'agit-il de frapper un ennemi politique, il est facile de comprendre de quelle influence peut être l'opinion d'un juré.

Jusqu'ici j'ai élevé la voix dans l'intérêt des accusés, je terminerai par quelques considérations dans l'intérêt de la société.

Il est une classe de coupables inaccessibles aux remords et chez lesquels le crime est un besoin ; leur existence se partage en deux parties, dont l'une est employée à commettre des crimes, l'autre à méditer de nouveaux moyens d'exécuter leurs coupables projets : cette dernière période s'accomplit, pour eux, dans les prisons. Pour eux, les moyens de correction sont impuissans. Il n'est pas de prison en France où l'on ne rencontre, plus ou moins, de ces êtres corrompus, ennemis jurés de la société. Ils ne recouvrent la liberté que pour se livrer de nouveau à leurs affreux penchans ; c'est à Paris, surtout, que le nombre en est ffrayant, et où l'honnête homme est sans cesse exposé à se voir dévalisé, le poignard sous la gorge, à toute heure du jour : en cela nos voisins d'outre-mer ont encore eu plus de jugement que nous ; ils ont compris qu'il n'y avait rien à espérer de ces êtres, pour qui le crime est devenu une seconde nature, et, afin d'en purger l'Angleterre, ils ont créé un Botany-Bay.

Pourquoi n'imiterions-nous pas cet exemple ? Pourquoi ne fixerait-on pas dans un coin de l'Algérie un lieu de déportation, un autre Botany-Bay, où l'on enverrait tous les condamnés dans le cas de récidive ? Ce serait une mesure de haute sagesse administrative, que la société réclame depuis long-temps. S'il en était ainsi, on ne verrait pas les colonnes des journaux fourmiller de vols, d'assassinats ; on ne trouverait pas dans la capitale tant de malfaiteurs et chacun pourrait sortir de chez soi sans crainte d'être pillé pendant son absence, ou d'être assassiné dans la rue.

Depuis quelques années on a paru s'occuper en France de la réforme des prisons, et des moyens d'améliorer le sort des détenus ; un instant même la philantropie en vint au point de vouloir traiter l'homme frappé par la loi comme un être exceptionnel, comme une sorte d'abstraction philosophique, de machine à expérimentation : sous l'empire de cette idée, il y eut un véritable engouement ; et, d'après les théories des réformateurs, on pouvait finir par donner au crime du prestige et de l'attrait, grâce au système de répression que l'on voulait employer. Selon les réformateurs philantropes la privation de la liberté constituait une peine assez douloureuse, et pourvu que cette privation subsistât, l'état devait presque des jouissances aux détenus.

Après l'engouement, la critique ; après l'action, la réaction, c'est une conséquence inévitable dans l'ordre des destinées humaines.

Nous sommes aujourd'hui à la période de réaction, ces détenus, hier encore dignes d'intérêt sont devenus des objets d'horreur; la persécution doit être employée : l'ordonnance *Gasparin* a paru ; elle répond aux antécédens du préfet de Lyon, du fils du conventionnel régicide qui donna une tête de roi pour preuve de son amour à la cause de la révolution.

En attendant, que deviennent les nombreux écrits publics sur les prisons, les rapports officiels faits par des magistrats, des inspecteurs, des hommes de lettres, des artistes envoyés à grands frais en Angleterre, en Allemagne, en Suisse, en Italie et jusqu'aux Etats-Unis, pour étudier les différens systèmes en vigueur? Que deviennent surtout les partisans de Jérémie Bentham? On sait positivement que le système cellulaire ne convient pas au caractère français, qu'il détermine de nombreux cas d'aliénation mentale ; et quelque soit le mépris des gouvernans de juillet pour le plus bel attribut de l'homme, pour le maintien de la raison, le cri poussé par la science médicale doit amener l'application de mesures plus sages et mieux entendues (1)

Pourquoi ne pas employer le mode de déportation, si heureusement employé par la Grande-Bretagne, non pas la déportation dans une prison à l'Ile-Bourbon, où le détenu ne sert ni à la société, ni à lui-même, mais la déportation active, fructueuse, régénératrice de Botany-Bay.

Les Anglais, objectera-t-on, dépensent des sommes considérables à Botany-Bay; mais l'argent peut-il entrer en balance avec

---

(1) Le caractère français répugne, je le répète, à une séquestration complète. Un détenu écrivait à cette occasion : « Nous avons besoin d'influence; or, séparés de tous et surtout de ceux qui nous aiment, de ceux qui peuvent nous donner de précieux conseils, de bonnes leçons, faire vibrer les cordes du cœur, nous serions bientôt dans un état d'exaspération telle, que la raison perdant le peu d'empire qu'elle pouvait exercer sur notre esprit, au bout de quelques mois, on aurait des enragés ou des cadavres, mais non des détenus.

les résultats obtenus; et la France n'a-t-elle pas à cent-vingt lieues marines de ses côtes, un lieu de déportation? l'Algérie n'offre-t-elle pas des ressources cent fois plus grandes que celles du Port-Jackson

Quel avantage a-t-on, jusqu'à ce jour, retiré de l'Algérie, de cette magnifique conquête, dernier legs de la monarchie de saint Louis à la France révolutionnaire? de honteux traités, des dilapidations de tout genre, des hostilités continuelles, le sang de plus de vingt mille Français, répandu inutilement depuis 1830, voilà les fruits que le gouvernement de juillet a recueilli de cette belle conquête.

En Angleterre, le condamné est déporté pour récidive; arrivé à Botany-Bay, il est libre; on lui cède du terrain. on lui donne des fonds, des outils, des instrumens aratoires; il travaille à la fois pour la colonie et pour son propre compte; excepté les emplois militaires, tous les autres fonctionnaires sont choisis dans les rangs des déportés, qui contractent des mariages avec des femmes également frappées par la justice. Là, les uns et les autres commencent une existence nouvelle; ils acquièrent l'esprit de propriété, se livrent à des entreprises de commerce, d'industrie, à des exploitations agricoles; plusieurs même finissent par arriver à la fortune, et par obtenir la considération générale; il y a quelques années, le directeur de la police était un ancien voleur de Londres, qui s'acquittait à merveille du soin de défendre la société confiée à sa tutelle.

Tandis que la France de juillet s'épuise en discours oiseux, en tâtonnemens sans résultats, en biais toujours malheureux, un des plus petits états de l'Europe, le canton de Genève, met en pratique en le perfectionnant le système pénitentiaire de Jérémie Bentham.

Allez à Genève, vous verrez ce que peut une pensée vraie, appliquée par des hommes de bien, par des hommes qui agissent sous la double inspiration de la religion et de la morale. A Genève, dès qu'un condamné entre dans la prison, il est placé sous le patronage de deux personnes de la plus haute distinction, qui lui servent de parrain et de marraine; dès ce moment, les deux patrons viennent visiter le condamné, leur langage affectueux le soutient dans les épreuves qu'il doit subir, l'encourage, le console, et lui assure à sa rentrée dans la société une honorable protection. Il sait qu'à ses premiers pas dans le monde il trouvera des mains amies, et une haute influence qui l'entourera, qui le défendra de lui-même.

Ce n'est pas tout : dans la prison, les heures des condamnés sont remplies par le travail, par l'étude, par la prière. Ce travail ne porte aucun préjudice au travail libre ; c'est-à-dire que les objets confectionnés par les prisonniers se vendent beaucoup plus cher, de manière à ne pas créer de concurrence. Le prix qui en résulte sert à faire face aux dépenses du prisonnier et à lui fournir un pécule pour l'époque où il deviendra libre.

Enfin, on lui apprend à lire, à écrire, à compter, et d'excellentes instructions religieuses retrempent son cœur ; quand il travaille avec ses compagnons d'infortune, les ateliers ne sont pas silencieux ; ce silence aurait ses dangers : les détenus chantent en cœur des psaumes en français, de sorte que le triple charme de la religion, de la poésie et de la musique produit sur eux un effet salutaire et fond, pour ainsi dire, la dure enveloppe qui cuirasse leurs cœurs.

Ainsi tout est prévu; la société offensée punit, mais comme doit punir la loi, sans colère, sans âpreté; elle régénère ceux qui ont manqué à leur devoir; elle ne les jète pas dans de continuelles récidives, elle ne leur dit pas les paroles foudroyantes que Le Dante a gravé sur les portes de l'enfer :

Lasciate ogni speranza voi ch' entrate.
Vous qui entrez ici, laissez au seuil l'espérance.

Je le répète : pourquoi ne pas faire de l'Algérie un Botany-Bay, en un mot, une colonie pénitentiaire? Espérons que nos législateurs trouveront le moment de s'occuper d'une question qui intéresse autant la société; qu'ils sauront apprécier l'immense avantage qu'il y aurait à éloigner de la France ce hideux amas de malfaiteurs qui inondent les grandes villes, et qu'ils imiteront enfin l'exemple que leur a donné l'Angleterre.

TROIS JOURS ENCORE !!!

Abrc usted puerta de mi prison ya.... soy libre
LOPEZ DE VEGA.

Portes de ma prison, ouvrez-vous.... je suis libre.

Quelques jours encore, et devant moi s'ouvriront les portes de Sainte-Pélagie.

Après un an de captivité je devais me croire absous de ma pécadille politique ; je le croyais, je l'avoue, mais je me trompais; car cette pécadille, selon M. Nouguier, est un crime énorme. Je suis, a-t-il dit, un régicide au moral, ce qui équivaut à dire que j'ai voulu tuer la moralité du roi des Français!.. Coupable d'un si grand crime, ce n'était donc que par le feu que je devais être entièrement purifié.

Aussi, sur le point d'être rendu à la liberté, je ne sais quelle main ennemie vint tout-à-coup promener dans mon humble cellule une torche incendiaire; ainsi qu'un lâche ennemi se venge sur les fils des torts du père, de même, ne pouvant m'atteindre, l'incendie s'est vengé sur *mes Souvenirs de Sainte-Pélagie* dont je serai forcé d'attendre la cicatrisation des plaies pour l'offrir au public.

En attendant, c'est aujourd'hui le 14 janvier ; encore trois fois vingt-quatre heures, et je serai au terme de ma captivité; déjà je sens mon cœur bondir à l'espoir de la liberté; trois jours encore, et je n'entendrai plus le grincement lugubre des verroux.

Rians côteaux, délicieux ombrages et vous vertes prairies de la Vendée, où jadis s'écoulèrent les beaux jours de mon enfance, je vais donc vous revoir..! Torfou, Clisson, Mortagne, Chantonnay, Le Chêne, La Pénissière j'irai vous saluer : j'irai donner une larme aux mânes de vos nobles fils qui ont rougi de leur sang le sol qui les avait vu naître!

Bientôt j'embrasserai ma pauvre mère... Elle ne me verra pas... elle est aveugle! mais elle sentira, aux battemens de mon cœur, que je suis toujours digne d'une mère vendéenne! Et toi, Sophie, que le ciel a mis de moitié dans mon existence, toi qui as partagé mes ennuis avec tant de résignation, toi aussi, ma Caroline, je vais bientôt vous presser dans mes bras!

Braves compagnons d'armes, je pourrai donc vous presser la main! vous me raconterez vos souffrances du Mont-St.-Michel, votre agonie des bagnes.... et moi... je ne pourrai vous parler que de Sainte-Pélagie.

. . . . Déjà nous sommes au 16, et c'est demain que je serai libre! Comment peindre les sensations que j'éprouve? Libre demain! demain je pourrai donc respirer un air pur? Encore une nuit... mais il faut la passer cette nuit! Qu'elle va me paraître longue! Je ne dormirai pas... mais qu'importe, demain je serai libre.

. . . . . . Enfin, elle s'est écoulée cette longue nuit; quelques instans encore, et j'aurai franchi le seuil de la prison..... Je crois à peine à mon bonheur.

. . . . . . On sonne..! j'écoute... *M. de Verteuil, en liberté!* : je suis donc libre... Quelques compagnons de ma captivité se pressent autour de moi... je leur dis adieu, ainsi qu'à ma modeste chartreuse..... Dans une heure j'embrasserai mes amis loin des verroux de Sainte-Pélagie!

FIN.

FIN.

TABLE DES MATIÈRES

CONTENUES DANS CE VOLUME.

INTRODUCTION.

I.

Pages

Un mot sur la Vendée depuis 1830 jusqu'en 1833. — Le camp de Saint-Jean-de-Mont. — Visites domiciliaires. — Mon départ pour Paris.   1

II.

Mon procès au sujet de la mort de Charles X. — Condamnation à trois mois de prison et 300 fr. d'amende.   14

III.

Opinion de la presse sur ce procès. — Deux autres citations en cour d'assises. — Condamnation. — Entrée à Sainte-Pélagie. — Amnistie .   56

IV.

Mon procès au sujet des fouilles des Tuileries. — Condamnation à un an de prison et 3,000 fr. d'amende 80

CHAPITRE PREMIER.

Mon entrée à Sainte-Pélagie.— Ma chambre. —Statistique de Sainte-Pélagie.—Abus.—Nourriture des prisonniers.—La cantine.— Les commissionnaires. 125

II.

Le parloir du greffe.—Les fouilles.—Le lapin. —Physionomie du parloir.— Le parloir grillé.— Sa physionomie. 155

III.

La Pistole. — Visite du médecin. — Le garçon de parloir.—Ses fourberies.—L'homme d'affaires en prison.—Les filous.—Les espions. . . . 175

IV.

Occupation des pistoliers. — Le prisonnier en voyage.—L'adultère et l'assassin de sa femme. — Les soirées à Sainte-Pélagie. — Physionomie de la cour des goipeurs. — Un mot sur les différens vols. — Arrivée d'un voleur de profession. — Son histoire en argot. 203

V.

Arrivée et départ des prisonniers.—L'instruction.— Les transfèremens.— Le 1er mai. — Physionomie de Sainte-Pélagie au 12 et 13 mai. . 56

VI.

Des détentions préventives.—Quelles sont les causes auxquelles on doit attribuer la longueur des préventions? — Quels remèdes y aurait-il à opposer à cette plaie sociale?— Quelles sont les conséquences fâcheuses qui peuvent résulter des longues préventions pour la morale, la justice et la liberté individuelle? — Est-il possible de dédommager l'innocent des résultats fâcheux qu'entraîne nécessairement la longueur des préventions ? — Inconvéniens qui résultent pour la justice et le prévenu de l'éloignement des maisons de prévention du Palais-de-Justice. —Résumé de la question. — Considérations générales. 245

VII.

Quelle influence exerce la prison sur le physique et sur le moral des détenus?— La prison peut-elle changer les convictions politiques? — Quel effet moral doit-on attendre de la privation de la liberté? — Aucun espoir de conversion ne repose sur les détenus d'un âge avancé, à moins qu'ils ne soient à leur première faute. — Le doyen des voleurs. 281

VIII.

De l'institution du jury dans les causes politiques. — Système pénitentiaire. — Un mot sur Botany-Bay.—Pourquoi ne pas faire de l'Algérie un Botany-Bay?—Qu'a retiré le gouvernement de juillet de cette belle conquête, dernier legs de la monarchie de St-Louis à la France révolutionnaire. 311

IX.

TROIS JOURS ENCORE ! ! !

ERRATUM.

Page 112, ligne 10, au lieu de: *il avait été assez peu courtisan*, lisez : il n'avait pas été assez courtisan.

www.ingramcontent.com/pod-product-compliance
Lightning Source LLC
Chambersburg PA
CBHW060326170426
43202CB00014B/2684